社会教育経営論

国立教育政策研究所
社会教育実践研究センター

はじめに

　人口減少，人生100年時代と言われる長寿化の進展，地域コミュニティの衰退，超スマート社会（Society 5.0）の実現など，我が国は今大きな変化の時を迎えています。また，地域社会においては，地域の課題が多様で複雑化する中，課題解決に住民が主体的に参画し，持続可能な地域づくりを進めることが求められています。

　このような社会状況を受け，社会教育主事には，社会教育事業の企画・実施による地域住民の学習活動の支援を通じて，人づくりや地域づくりにおいて中核的な役割を担うことがこれまで以上に期待されています。そのための実践的な能力を身に付けることができるよう，中央教育審議会において社会教育主事講習及び大学での社会教育主事養成のカリキュラムが見直され，新たな科目として，「生涯学習支援論」と「社会教育経営論」を設けることを規定した改正社会教育主事講習等規程が令和2年4月から施行されます。

　そこで，国立教育政策研究所社会教育実践研究センターでは，新科目に対応する「社会教育経営論ハンドブック」を作成しました。今後の社会教育主事には，社会教育計画の企画・立案，実施はもとより，評価や改善も視野に入れ，PDCAサイクルを進めることにより，マネジメントの視点に立ち，事業の不断の改善を図り，効果的・効率的な事業を展開していくことが求められています。そのため，本ハンドブックでは，社会教育行政の経営戦略を中心に，社会教育行政と地域活性化，学習課題の把握，広報戦略，地域人材の育成，学習成果の評価・活用，地域ネットワークの形成，社会教育施設の経営戦略で構成し，多様な主体と連携・協働を図りながら，住民の学習成果を地域課題の解決等につなげていくための知識及び技能を習得できることを目指しました。本ハンドブックが，社会教育主事講習だけでなく，大学での社会教育主事養成や，都道府県・市町村の社会教育関係職員を対象とした研修などのテキストとしても活用され，全国の社会教育関係者の資質向上の一助となれば幸いです。

　結びに，本ハンドブックの作成に当たり，御指導くださいました浅井経子委員長をはじめ委員各位，並びに御執筆の先生方に厚く御礼申し上げます。

令和2年3月

国立教育政策研究所社会教育実践研究センター長　　上田　浩士

目 次

はじめに

第1章　社会教育行政と地域活性化

第2章　社会教育行政の経営戦略

第3章　社会教育の現状把握と広報戦略

第4章　社会教育における地域人材の育成

第5章　学習成果の評価と活用の実際

第6章　社会教育を推進する地域ネットワークの形成

第7章　社会教育施設の経営戦略

参考資料

第1章
社会教育行政と地域活性化

I　社会教育行政と地域づくり

1　地域づくりに資する社会教育行政の役割

　今日，我が国では，少子化による人口減少，高齢化，グローバル化，高度情報化の急速な進展など社会が急激に変化する中で，地域社会においては，地域の再生，防災・減災，健康・福祉，子供の貧困，若者の就労をはじめ多くの課題を抱えている。さらに，今後は，人生100年時代の到来や超スマート社会（Society 5.0）の実現が提唱されているほか，国連において「持続可能な開発目標（SDGs：Sustainable Development Goals）が定められるなど，社会全体が大きな変革期を迎えている。

　近年，人口減少や地域コミュニティの衰退など，地域を取り巻く環境が大きく変化する中で，地域が抱える課題はますます多様化，複雑化してきている。このような中，地域住民一人一人がより豊かな人生を送ることができる持続可能な地域づくりを進めるためには，行政のみならず，企業や大学，社会福祉協議会，NPO（Nonprofit Organization），個人など様々な主体が，それぞれの立場から地域課題の解決に向けた取組を行うことが必要である。

　社会教育行政は，これまでも，自分たちの住んでいる地域に興味関心をもつとともに，地域に存在する様々な課題の解消に向けて主体的に行動する人材の育成を通して，より良い地域づくりを実現していくという，人づくりを通した地域づくりを重要な任務として，地域づくりに大きく貢献してきた。

　親の価値観や家族形態の変化，人口減少や高齢化率の増加，人と人とのつながりの希薄化等を背景とした，家庭や地域の教育力の低下が重大な課題となっている今日，持続可能な地域づくりに向けた社会教育行政の在り方が，今まさに問われていると言える。その意味で，行政と地域住民との協働により地域の未来のより良い姿を熟考・計画し，学校教育はもとより，首長部局，各種団体・サークル，NPO，企業など地域の様々な機関・団体等とも連携しながら，誰もが生き生きと暮らせる地域の未来予想図を実現するために，地域の様々な主体が実施する社会教育活動を総合的にマネジメントしていくことが，今後社会教育行政の果たすべき重要な役割であると言える。特に，社会教育行政の中核的役割を担う社会教育主事には，地域住民が様々な機関・団体等とも連携しながら，主体的に地域の未来予想図（中長期計画）を作成し，地域において，学びと活動をつなぐ「生涯学習プラットフォーム」を形成し，持続可能な

地域づくりに積極的に取り組むよう支援するため，地域全体を視野に入れた社会教育を推進するためのマネジメント能力（経営力）が求められている。

(1) 社会教育行政が地域づくりに取り組む意義

　社会教育は，個人の主体的な学びを基本としつつ，個人の成長を促すとともに，他者との学び合いを通じて相互のつながりを深め，新たな関係性を形成していくことができるところに大きな特徴がある。

　社会教育行政は，これまでも公民館，図書館，博物館などの社会教育施設を中心に様々な学習機会を提供し，学びを通した住民同士の交流の深化を図ってきている。近年，少子高齢化や過疎化の急速な進行，自然災害の多発と被害の甚大化等，地域における住民の生活環境の大きな変化を背景として，地域の絆の再構築が強く求められる中で，社会教育行政が今日ますます多様化・高度化する住民の学習ニーズや社会の要請に応え，適時，的確な学習機会を提供することは，住民一人一人の豊かな人間性を育むことができるとともに，そうした住民同士の多様な交流活動を通じて，地域社会における住民の間の新たな絆が生まれることも期待できる。また，住民同士のつながりが深まる中で，より多くの住民が学んだ成果を生活や地域の様々な課題解決のために生かしていくことによって，生き生きとした地域コミュニティの再構築も可能となるはずである。このため，住民主導によるそうした学びと活動をつなぐプラットフォームの形成を支援することは，今日社会教育行政に期待される重要な役割であり，その役割を積極的に果たすことにより，住民の主体的参画による持続可能な地域づくりの実現を図ることができる。

(2) 社会教育行政が地域づくりに取り組む際の視点

　社会の急激な変化を背景として，現在それぞれの地域が抱える課題は，地域の置かれた状況に応じて極めて多岐にわたっている。こうした課題に対しては，社会教育行政はもとより，学校教育行政をはじめ，他の様々な行政部局においても，それぞれの行政目的に基づき，課題の解決を目指して多様な施策が展開されている。また行政のみならず，地域においては，市民の立場に立って，地域住民が抱える喫緊の課題解決に意欲的に取り組んでいる社会教育関係団体やNPO等も存在するほか，大学や企業なども地域貢献・社会貢献の立場から様々な活動を展開している。もちろん様々な地域課題は，ひとり社会教育行政だけでは，到底解決できるものではない。社会教育行政と多様な主体との連携・協働による施策展開，いわゆるネットワーク型行政の必要

性については，これまでも幾度となく指摘されてきているが，行政・社会教育関係団体・NPO等それぞれの事情もあり，その取組は未だ道半ばといわざるを得ない現状にある。平成27年度以降，地方公共団体に設置が義務付けられた総合教育会議は，ネットワーク型行政の実質化に向けて重要な役割を果たすことが期待できることから，こうした制度を最大限に活用することにより，他の行政部局とも緊密に連携し，社会教育行政の得意とする人づくり・つながりづくりを通じた地域づくりのための基盤の整備に尽力する必要がある。特に，首長部局が策定する地方公共団体の総合計画（マスタープラン）や教育振興基本計画に，関係部局間の連携体制の整備や社会教育の推進について明記されるよう積極的に働きかけることも極めて重要である。

（3）学校教育と社会教育が一体となった地域づくり

　子供たちの健やかな成長のためには，学校教育の充実・改善のみならず，家庭や地域社会がそれぞれ教育の場として十分な機能を発揮することが不可欠である。都市化や過疎化の進行，家族形態の変容，地域社会におけるつながりや支え合いの希薄化等によって，「地域の学校」，「地域で育てる子供」といった従来の考え方が次第に失われ，子供たちの教育を学校だけに過度に依存している現状は，今日の教育を取り巻く重要な問題として指摘されている。このため，家庭や地域社会における教育の充実を図るとともに，社会全体の幅広い教育機能を活性化していくことが喫緊の課題となっている。

　こうした状況に対処するため，学校教育においては，学校運営に地域住民や保護者等の多様な意見を反映するための，学校評議員やコミュニティ・スクール（学校運営協議会）の制度が多くの学校で導入され，地域に開かれた学校づくり，特色ある学校づくりが進められている。

　一方社会教育においても，これまで，放課後子供教室や学校支援地域本部事業など，学校と地域住民が連携し，地域における子供たちの様々な体験活動・学習活動の充実を図る取組が積極的に展開され，大きな成果を上げてきたところである。また，最近では，こうした取組を総合化，ネットワーク化し，様々な機関・団体等との緩やかなネットワークの下，学校と地域が連携・協働しながら，地域における子供たちの豊かな学びや健やかな成長と，地域の活性化の両方を目指す「地域学校協働活動」への取組も全国的に拡がってきている。この「地域学校協働活動」は，子供たちにとっては，地域住民との交流を通じて地域に関心を持つきっかけとなるものであり，また，こうした活動に多様な住民が参加することにより，住民同士の絆が深まっていく

中で，防災・減災，健康・福祉，地域の活性化をはじめとする地域課題の解決に対する取組の輪の拡がりも期待できる。地域住民の成長と，持続可能な地域づくりのためのツールとして，社会教育行政としても，その積極的な取組を支援・推進することを期待したい（「地域学校協働活動」については，本書第6章Ⅰを参照のこと）。

●参考：地域学校協働活動

> 　地域の高齢者，保護者，PTA，NPO，民間企業，団体等の幅広い地域住民等の参画を得て，地域全体で子供たちの学びや成長を支えるとともに，学校を核とした地域づくりを目指して，地域と学校が相互にパートナーとして連携・協働して行う様々な活動
> （出典：平成29年文部科学省「地域学校協働活動の推進に向けたガイドライン」）

（馬場　祐次朗）

Ⅱ　社会教育行政と市民協働，住民自治

1　持続可能な地域づくりと社会教育

(1) 学習を通した地域課題の解決

　現行の教育基本法第3条では，「国民一人一人が，自己の人格を磨き，豊かな人生を送ることができるよう，その生涯にわたって，あらゆる機会に，あらゆる場所において学習することができ，その成果が適切に生かすことのできる社会の実現がはかられなければならない」と規定されており，生涯学習社会の実現を図ることが生涯学習の理念であることが明示されている。今後，人生100年時代を迎える中で，子供から高齢者に至るまで，全ての人が生き生きと暮らすことのできる社会を創っていくためには，一人一人が学びを通じて成長できるよう，いつでもどこでもだれでも学習する機会が整備されるとともに，学んだ成果を個人の生活や地域での様々な活動の中に生かすことのできる社会，すなわち生涯学習社会の実現が鍵となると考えられる。

　社会教育行政は，これまでも地域住民を対象に様々な学習機会を提供し，住民一人一人の成長と，学びを通じた住民同士の交流活動の推進を図ってきている。しかしながら，学習する内容が趣味・教養に偏っていたり，学びが学びで終わり，学習成果の活用になかなかつながっていない状況も見て取れる。学んだ成果を地域の様々な活動に生かすことは，誰かの役に立っているという喜びや，より積極的に地域の活動に参画しようとする意欲をもたらし，さらに別の課題解決のための新たな学びを求めるといった，学びと活動の循環が生まれることも期待できる。

　また，近年，人口減少や地域コミュニティの衰退等地域を取り巻く環境が大きく変化する中で，地域の課題はますます多様化，複雑化してきている。一方で，国の厳しい財政状況や地方分権・行財政改革推進の動きに対応し，地方公共団体においても行政サービス改革や社会保障改革が進められる中で，これまで主として行政により提供されてきた様々なサービスが縮減・廃止される傾向にある。そうしたサービスについては，NPOや企業，大学，各種団体・サークル，個人など地域の様々な機関・団体等がそれぞれの立場から主体的にサービス提供の担い手として重要な役割を果たし，地域の活性化に貢献しているところも見受けられる。さらに，一部の地域では，住民自身が主体的に立ち上がり，公民館をまちづくりの拠点として位置付けて，地域課題に関する学習会を開催し，そこで学んだ成果を生かして，地域活性化のための中期計

画を自分たちで策定し，計画に基づき実行することによって大きな成果を上げているところもある。

　特に，地域において取り組むべき課題が多様化・複雑化する中で，高度で専門的な知識・技術が必要となる場合もあり，地域住民ための幅広い学びの機会を整備することが重要である。さらに，より多くの住民がその学習成果を活用し，地域課題の解決に向けた活動に参加するためには，学びと活動を循環させるシステム（生涯学習プラットフォーム）の整備が不可欠である。社会教育行政としては，住民が主体となった生涯学習プラットフォームの整備を支援・推進していくことも今後の重点課題であると考える。

(2) 地域課題解決の拠点としての社会教育施設の役割

　我が国において社会教育施設が本格的に整備されるのは，第二次世界大戦以後のことである。特に，公民館は，第二次世界大戦後まもなく，その整備の必要性が提唱された我が国独自の社会教育施設である。当初は，その目的として，社会教育はもとより，住民自治の振興や産業振興も含めた，いわばまちづくりの拠点施設として構想されたものであったが，昭和24（1949）年に社会教育法が成立すると，地域住民の社会教育活動の拠点施設としての役割を担うこととなり，若者たちを中心とした地域人材の育成等を通じて，戦後の荒廃した我が国の復興（地域づくり）に大きな役割を果たした。

　その後，急激な社会の変化を背景として，人々の学習ニーズも多様化・高度化していく中で，今日では社会教育施設の運営の在り方，すなわちそれぞれの施設の質が問われる状況となっている。その背景としては，社会教育行政においても，現在，PDCAサイクル[1]の確立やEBPM[2]など評価を前提とした施策展開が求められており，公民館，図書館，博物館には，その運営状況についての評価を実施するとともに，その結果について地域住民等に情報提供していくことが法的に義務付けられている[3]。こうした状況を踏まえると，社会教育施設としても，今後は地域の課題を見据え，そ

---

[1] PDCAサイクルは，Plan（計画），Do（実行），Check（評価），Action（改善）の順で進むマネジメントサイクルのこと。詳細は，本書第2章Ⅰを参照のこと。

[2] EBPM（Evidence-based Policy Makingの略）は，証拠に基づく政策立案のこと。詳細は，本書第3章Ⅱ－3を参照のこと。

[3] 社会教育法第32条及び第32条の2，図書館法第7条の3及び第7条の4，博物館法第9条及び第9条の2において，それぞれ公民館，図書館，博物館における運営状況等の評価やその情報提供について規定されている。

の解決に資するような教育プログラムを提供し，地域住民等の地域課題解決への主体的な取組を支援していくことが求められていると言える。そうした活動に取り組むことにより，それぞれの施設が地域に存在する意義を広く住民に理解してもらうことが可能となるはずである。

　全国各地の社会教育施設の中には，地域の様々な関係機関・団体等と連携しながら，施設（行政）と地域住民等の協働による地域活性化プランの策定や，教育プログラムの開発を行い，地域住民が地域の課題について学ぶ機会を提供するとともに，学んだ成果を課題解決に生かして地域の活性化に成果を上げているところも出てきている。こうしたことを踏まえると，社会教育施設は今後，それぞれの施設の役割・機能の見直しを行い，地域づくりに積極的に貢献できるような取組を充実していく必要がある。その際は，学びを通した住民の成長を目的とする社会教育施設の役割を踏まえ，施設主導というよりは，地域住民主導の取組になるよう配慮することが重要である。また，取組の推進に当たっては，高齢者や障害者，在留外国人，貧困等により困難を抱える人などを含め，地域に暮らす全ての人が，地域社会の構成員として社会参加できるよう，社会的包摂に寄与することも求められる。

（馬場　祐次朗）

·2　連携・協働を推進する際に必要な視点

(1) 社会教育における「連携」と「協働」

　社会教育を推進する上で「連携」と「協働」はキーワードである。

　「連携」に関しては，特段新しい視点ではない。例えば昭和28（1953）年の社会教育審議会建議「学校開放活動促進方策について」において，「比較的整備されている学校施設を社会教育のために最高度に活用すること」とある。この建議は「連携」という言葉こそ用いていないが，戦後の社会教育施設が未整備だった時代に社会教育を振興する方法として学校教育との協力が欠かせないことを述べたものである。社会教育のための学校施設の利用については，学校教育法（法制定時は第85条，現在は第137条），社会教育法（第43条〜第48条），双方に規定が存在する。

　しかしながら，「連携」について本格的に議論されるようになったのは，1970年代以降である。昭和46（1971）年の社会教育審議会答申「急激な社会構造の変化に対処する社会教育のあり方について」には，「連携」という言葉がところどころに登場し，学校教育と社会教育の連携をはじめ，都道府県と市町村の広域的連携，社会教育行政と関連行政（厚生行政や労働行政など）の連携について，その必要性が指摘された。さらに昭和61（1986）年の臨時教育審議会「教育改革に関する第2次答申」では，行政と民間，高等教育機関との連携，平成10（1998）年の生涯学習審議会答申「社会の変化に対応した今後の社会教育行政の在り方について」ではボランティア団体をはじめとするNPOとの連携の必要性が指摘され（同年，特定非営利活動促進法（通称NPO法）が制定されている），「生涯学習社会においては，人々の学習活動・社会教育活動を，社会教育行政のみならず，様々な立場から総合的に支援していく仕組み（ネットワーク型行政）を構築する必要がある」として，学校との連携，民間の諸活動との連携，首長部局等との連携，生涯学習施設間の連携，市町村の広域的連携が述べられた。

　その後，平成18（2006）年に教育基本法が全部改正され，学校，家庭及び地域住民等の相互の連携協力に関する条文（第13条）が新しく加わったことをうけ，平成20（2008）年の中央教育審議会答申「新しい時代を切り拓く生涯学習の振興方策について〜知の循環型社会の構築を目指して〜」では，「地域社会の教育力向上のためには，学校，家庭，地域がそれぞれ持つ教育力の向上を図ることとあわせて，学校，家庭及び地域住民のほか，その地域の企業やNPO等の関係者が，それぞれに期待される役割を果たしつつ，緊密に連携・協力して地域社会が一体となって地域の教育課

題等に取り組むことが重要である」と述べられた。

　近年でも，平成30（2018）年の中央教育審議会答申「人口減少時代の新しい地域づくりに向けた社会教育の振興方策について」において，「複合的な課題により効果的に対応するため，社会教育行政担当部局とまちづくり，福祉・健康，産業振興等の他の行政部局，教育機関，NPO，企業等の多様な主体との連携を強化することが欠かせない」と指摘されている。「連携」は，社会教育の推進を語る場面において，連携相手を徐々に広げつつ，長年にわたり繰り返されるキーワードであり続けてきた。

　一方，「協働」の用例は比較的新しい。「協働」は，平成初期の地方分権・規制緩和を主とする一連の行財政改革の中，地方自治の在り方，とりわけ行政と市民[1]との関係を議論する文脈で登場した言葉である（「協働」をタイトルに持つ著書・論文の多くは平成年間以降に刊行されたものである）。最も初期の文献の一冊であり，今日の「協働」についての考え方を方向付けた荒木昭次郎『参加と協働：新しい市民＝行政関係の創造』（ぎょうせい，1990年）によれば，協働とは「意思をもった複数の行為主体が共通目的を達成していくために互いに心を合わせ，力を合わせ，助け合っていくシステム概念」であり，地域課題解決に参加（参画）する市民がその前提にある。

　社会教育の領域では，平成29（2017）年の社会教育法改正で新たに加わった「地域学校協働活動」「地域学校協働活動推進員」の中に「協働」という言葉が見られる（社会教育法第5条第2項，第9条の7等）。平成27（2015）年の中央教育審議会答申「新しい時代の教育や地方創生の実現に向けた学校と地域の連携・協働の在り方と今後の推進方策について」をうけて，教育基本法第13条に基づき実施されてきた学校・家庭・地域の連携・協力に関する事業に「地域学校協働活動」という総称が与えられた。地域学校協働活動は，地域活動（学校支援や社会教育の活動を含む）に参加する地域住民の存在を前提に，彼らと学校が「互いに心を合わせ，力を合わせ，助け合って」学校づくり，地域づくりに取り組む活動である。

　言葉の用例としては比較的新しい「協働」であるが，その考え方は近年の地域学校協働活動にとどまるものではなく，社会教育の根底にあり続けた理念と言って良い。なぜなら，社会教育とは行政サービスとして受動的に享受するものではなく，行政の支援を受けつつ地域住民自らが作り上げるものとして展開されてきたからである[2]。

---

[1] ここでの「市民」は「主体的に社会の形成に参加する地域住民」という意味合いで使われている。
[2] 例えば，戦後の社会教育行政を担った文部官僚の寺中作雄は，公民館について「われわれの為の，われわれの力による，われわれの文化施設－それが公民館の特徴であり，公民館の本質である」（寺中作雄『公民館の建設』公民館協会，1946年）と述べた。

　少子高齢化やグローバル化，地域コミュニティの衰退，貧困や格差の拡大，等々，社会教育を取り巻く環境は刻々と変化している。持続可能な地域づくりや社会的包摂に向けて社会教育に対する期待は大きい。「連携」と「協働」は，いずれも，複雑化する地域課題の解決のため，社会教育行政が地域の教育に携わる多様な主体（教育資源）とネットワークを形成する上でのキー概念なのである。

（2）地域の教育に携わる多様な主体との連携・協働とネットワークの形成

　では，地域の教育に携わる多様な主体とは，具体的にどのようなものだろうか。これは，教育基本法第13条「学校，家庭及び地域住民その他の関係者は，教育におけるそれぞれの役割と責任を自覚するとともに，相互の連携及び協力に努めるものとする」の「地域住民その他の関係者」とは，具体的にどのような人，組織・団体であるかという問いでもある。

　実は，この中にこそ豊かな教育資源が含まれている。狭義の教育行政すなわち教育委員会が関わっている組織・団体を見れば，公民館，図書館，博物館等の社会教育施設や子供会，PTA等の社会教育関係団体があり，首長部局が所管するものの中には，例えば環境や防災に関する学習活動を推進している施設や職業訓練施設等がある。行政外に目を向ければ，民間教育文化産業や教育・学習支援を目的とするNPOはもちろん，教育を主たる業務としていない企業・病院等であっても，何らかの形で教育に関わっている組織・団体は少なくない。企業においては社会的責任（CSR：Cooperate Social Responsibility）を果たす一環で，各企業の有する教育力や資源を活用した取組を実施している例がある。

　社会教育行政に携わる者は，その対象が子供・成人・高齢者を問わず，第一に地域の中にどのような教育資源があるのかを把握すること，第二に現在取り組もうとしている教育課題の解決において，それら多様な主体と連携・協働することによってプラスの効果が見込めるか，見込めるのであれば積極的に連携・協働に取り組むことが，教育の質を高めるために不可欠である。

　こうして連携・協働事業を積み重ねていく中で，地域の中に多様な主体とのネットワークが形成され，さらにこのネットワークを基盤として次の連携・協働事業が進展するというプラスのサイクルが生まれるだろう。社会教育の機会を提供する主体が多様化している現在，社会教育行政の役割は，これまでの関係の枠内にとどまらない多様な主体との連携・協働を促進し，幅広いネットワークを形成するための積極的な調整役となることが期待される。

　ネットワークの概念では異なる組織・団体あるいは個人が縦型（上下関係）ではなく横型（対等で水平的な関係）でつながっていることが重視される傾向がある。そのため，ネットワークでは「それぞれ確立した「個」が互いの違いを認識しあいながらも（中略）ある種の緊張を伴う関係の中で意味と価値を作り出していくプロセス」（金子郁容『ネットワーキングへの招待』中公新書，1986年）が重要であり，各主体がそれぞれ「違う」ことを前提に，対話を重ねながら共有できる新たな価値の創造を目指すことが求められる（「参考：マルチステークホルダー・プロセスという考え方」参照）。既存の方法では十分な課題解決ができない時，このことは極めて重要な意味を持つ。

　直面する様々な課題解決のためのネットワーク形成に当たっては，社会教育委員[3]の果たせる役割は大きい。社会教育委員は多様な主体の意見を社会教育行政に反映させるために設けられた制度である。形骸化が指摘されることも少なくないが，既存の制度とその存在意義を再認識することが求められる。

　地域が抱える教育課題は当該地域を管轄する教育委員会（教育行政）だけで解決できるとは限らない。それゆえ，社会教育行政の枠組みを超えて，教育に携わる様々な立場にある組織・団体や個人が，課題解決のためにネットワークを形成する必要がある。多様な主体が課題解決のプロセスに参加し，それぞれの役割を果たすことができるような仕組みづくりが不可欠である。

---

[3] 社会教育委員は「民間人で社会教育に優れた意見を有する人々の卓見良識を社会教育の施策の上に実現せしめようとする」（寺中作雄『社会教育法解説』社会教育図書（株），1949年），「地域社会に密接して展開される社会教育活動の奨励促進のためには，広く各界多方面の知識と経験を行政に反映せしめることが必要である」（宮地茂『改正社会教育法解説』全日本社会教育連合会，1959年）と述べられたように，行政以外の多様な主体の関与の下で各地方公共団体の社会教育を推進するために設けられた存在である。

●参考：マルチステークホルダー・プロセスという考え方

　　課題解決の鍵を握る組織や個人を "ステークホルダー" と呼びます。そして，多種多様なステークホルダーが対等な立場で参加し，協働して課題解決にあたる合意形成の枠組みを，"マルチステークホルダー・プロセス" と言います。

出典：内閣府ウェブサイト「マルチステークホルダーの考え方」
(https://www5.cao.go.jp/npc/sustainability/concept/index.html)

　マルチステークホルダー・プロセスにおいては，これらのステークホルダーが対等な立場で参加することが基本である。そして，ステークホルダー同士が対話を通してお互いの考え方や社会全体の構造を理解し，社会全体の視野を持って，解決策を考えていくことが期待されている。

（山本　珠美）

第2章
社会教育行政の経営戦略

I　行政の経営戦略

1　戦略的経営における計画と評価

　計画という経営手法は，もともとは安定成長の時代に考案されたものである。質的な変化の少ない安定成長下では，過去から現在までのトレンドを機械的に延長し将来に備えることが計画的対応の重要な側面であった。しかし，過去の経験や知識を機械的に適用できない問題状況では，現状延長型の長期計画は次第に有効性を失っていった。多様化し複雑化する社会においては，これまで依拠してきた前提や常識を意識的に見直し，どの事業領域から撤退し，どの事業領域で将来事業展開を行うか選択し，その事業展開に向けて組織を再編することが必要になる。企業経営論においては，このような経営スタイルを現状延長型の長期計画に対置させ，戦略的経営と呼んでいる[1]。

　現在，私たちを取り巻く社会は急速に変化し続けており，これまで人類が一度も経験したことのない社会が訪れようとしている。人口の40％が高齢者の社会，仕事の半分がAIに取って代わられる社会，こういった変化は完全には予測できないものの，その兆しの中に本質を発見し，リスクを回避してより良い社会を構想し実現するための機会に転じることは可能である。戦略的経営が求められる背景にはこのような社会変化がある。

　戦略的という言葉は多義的であり，必ずしも共通の定義があるわけではないが，一般的には，長期的で組織や社会全体に大きな影響を与える決定を戦略的意思決定という。この意味では，現状延長型の長期計画は安定成長下においては，有用な戦略的経営手法であったと言える。過去を参照点にして現状を評価することは，計画における評価の重要な出発点である。しかし，過去との対比からだけではなく，未来を参照点に加えて現状を評価すること（バックキャスティング）の方が計画においてはより重要である。もし未来が，過去から現在までのトレンドによって決定されるのであれ

---

[1] 企業経営論の中に，経営戦略論が登場するのは，1960年代のことと言われている。アンゾフ（H. I. Ansoff）は，経営戦略論を代表する論者の一人である。彼は，過去の経験や知識を機械的に適用できない問題状況で，どの事業領域から撤退し，どの事業領域で将来事業展開を行うか選択し，その事業領域で競争上優位に立つために組織を再編することを戦略的経営と呼んでいる（Ansoff, 1979, Strategic Management, 中村元一監訳, 2007, アンゾフ戦略経営論, 中央経済社）

ば，未来を参照点に加えることの意味は小さい。未来は，トレンドだけで決まっているわけではなく，我々自身の選択によって変えることができる。未来を参照点にして現状を評価することに意味があるのはそのためである。しかし，到達すべき未来とは何か，そのような未来へどうやって到達できるのかに関して我々が持っている知識は不完全である。社会情勢の変化や，事業が進行する中で不断の見直しが必要になる。知識の不完全さを前提に，目標に向かっていくためには，未来を参照点にしつつ，過去と現状を評価することが重要になる。戦略的経営において計画と評価が担っている役割はここにある。

2　学習過程としてのPDCAサイクル[2]

　計画案の有効性や実現可能性は，様々な条件に左右される。人口の規模や構成が変化すれば，行政ニーズの質や量は変化するだろうし，財源や人材の確保が常に予定どおりにいくとは限らない。また，計画当初の期待とは異なる結果や思いがけない波及効果を産み出すこともある。どの地域でも有効であると想定していた意識啓発プログラムの効果が，地域によって大きくばらつくこともある。計画策定段階ではもちろん，既存の理論やデータベースに蓄積された情報を基にして計画案は検討される。しかし，ある事業を行えば期待される効果が得られるということはあくまで想定にすぎず，常に見直しが必要になる。想定どおりの効果が得られない場合には，想定のどこに問題があるかが特定できれば，事業実施経験から体系的に知識を増やすことができる。すなわち，計画過程とは証拠に基づく学習過程とみなすことができる。

　計画の役割は，有効かつ効率的な目的の達成にあることは言うまでもない。計画目標の100％達成は，望ましいことに違いはない。しかし，計画案の有効性と実行可能性に関する前提条件は絶えず変化しているし，地域やそこで生活する住民は多様であるため，限られた時間制約の中で策定された計画は常に不完全である。したがって，ここでは100％の目標達成ではなく，現実と計画案のギャップからいかに多くを学ぶことができるのか，そのための仕組みが十分整っているのかどうかが重要となる。特に，社会変化が激しく，ニーズの多様化が進む今日，計画を実施しながら学ぶことが以前にも増して重要になる。

---

[2]　計画過程が科学的な学習過程であることについてより詳細な説明は，国立教育政策研究所社会教育実践研究センター『社会教育計画ハンドブック』「第2節（2）計画と評価の関係ウ①」（pp. 10-11）を参照。

3　ロジックモデル：証拠を基にした評価の方法[3]

　計画過程が効率的な学習過程となるためには，計画は，論理的で検証可能な形式で表現されていることが重要である。

　計画を論理的で検証可能な形式で記述することには，以下の利点がある。

- ・暗黙の理解を明示化することで，個人の知識を客観化することができる。
- ・論理という共通の言語でコミュニケーションができる。
- ・上記により，多くの人の知を計画策定に生かすことができる。
- ・計画実施結果との乖離から，計画のどこに問題があったかチェックすることができる。

　ロジックモデルは，計画案が実行に移されてから効果を発揮するまでの過程を，論理的で検証可能な形で記述するための枠組みである。高齢者の生きがいを高めるための学習講座を例に取ると，予算や講師等の資源がインプットとなり，投入資源は年何回かの講座の開講に変換され，講座活動から受講者がアウトプットされ，その結果として受講者の生きがい向上という効果を生み出す一連の過程に分けることができる。このように，資源，活動，アウトプット，アウトカムという枠組みに沿って，計画の効果が生み出される過程を流れ図（効果連鎖フロー図）として表現したものをロジックモデルと呼ぶ。

　ロジックモデルにおいては，矢印と矢印で結び付けられている起点と終点の3要素が，論理的記述の基本単位になっている。高齢者の生きがい講座を例に取れば，ある規模の予算と講師（始点）を投入すれば，目標にした講座（終点）が開催されるという想定を表現している。「もしXを行えば，結果Yが生じる」という論理形式の仮説は，英語では，「If X（もしX），Then Y（ならばY）」という形に表記されるのでIf-Then形式の仮説と呼ばれている。効果連鎖フロー図は，資源，活動，アウトプット，アウトカムの関係について計画担当者が抱いている認識をIf-Then形式の論理仮説の連鎖として図示したものであるのでロジックモデルと呼ばれている。

　計画の効果が生み出される過程をロジックモデルによって表現できれば，計画の評

---

[3] 本節におけるロジックモデルのより詳細な説明は，国立教育政策研究所社会教育実践研究センター『社会教育計画ハンドブック』「第2節（2）計画と評価の関係ウ②③」（pp. 12-18）を参照。

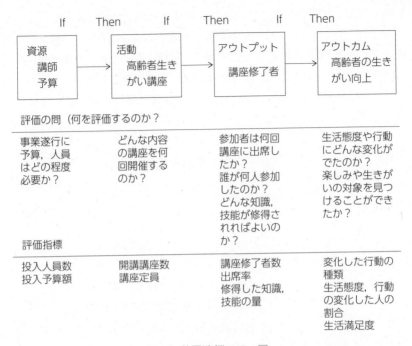

図1　効果連鎖フロー図

価は，資源，活動，アウトプット，アウトカムを計測することによって行うことができる。計画どおりの予算が確保できたとしても，計画どおりに講師を確保することはできないかもしれないし，計画どおりに講座が開催できたとしても，受講者数が計画目標に達しないこともあり得る。計画策定時の想定とデータの乖離がある場合には，想定のどの部分に誤りがあったか特定し，修正することができる。

　資源，活動，アウトプット，アウトカムを計測するためには，効果連鎖フロー図の構成要素になっている論理仮説を検証するために何を事実として把握することが必要かリストアップすればよい。ロジックモデルでは，これを「評価の問い」と呼んでいる。投入資源は何か，どんなサービスを誰に提供するのか，対象者の何を変化させたいのか，また，社会をどのような状態にしたいのかといった問いを立てることにより，何を事実として把握することが必要かを明確にすることができる。「評価の問い」を立てた後に，各問いに答えるための具体的指標を列挙することで，問いに対して的確な指標を選択することができる。

　計画の評価においては，アウトカムのレベルで目標を設定することが重要である。

高齢者の生きがい講座の例では，計画の目的は生きがいの向上にあるわけであるから，このレベルで計画目標を設定することが重要である。しかし，アウトカムは計測が難しいことが多い。そのため，受講者数，開講講座数，予算投下量を用いて目標が設定されがちになる。これらは，計画案の実施状況を把握するためには重要な指標であるし，計画期間内に達成する事業量を計画の目標と呼べないわけではない。しかし，受講者が増えれば生き甲斐が高まるというのは仮説的な想定にすぎない。この想定を証拠に基づいて検証するためには，アウトカムを測定する必要がある。アウトカムとの関係が明らかにならなければ，受講者数の多い少ないという数字は，全く無意味になってしまう。

4　アウトカム指向の意味[4]

　規則に基づく管理と階層的組織編成は，近代的行政組織管理の2大原則であった。これに対して，アウトカムに基づく管理と分権的な組織編成を2大原則とするNPM（New Public Management，新公共経営）と呼ばれる行政改革運動が1990年台以降英米から世界に影響を及ぼしはじめ，その影響は現在も続いている。NPMは，官僚制の弊害を克服するための一連の行政改革と言われている。その背景には，深刻な財政赤字と官僚組織に対する信頼の揺らぎがある。そのため，NPMは，従来の計画が内部管理手法としての側面が強かったのに対して，官僚制の弊害をただすための外部統制や説明責任の側面をより強く意識した手法となっている。

　一律の規則に基づく管理は，執行担当者による権限の乱用を防ぎ，標準的なサービスを公平に提供する上で一定の役割を果たしてきた。しかし，市民にとっては，事細かなルールは問題ではない。どのようなサービスが提供されるのか，またその結果生活がどう変わるかが重要である。また，規則によって裁量の範囲が狭められると，創意工夫の余地が狭められてしまうため，状況に応じて柔軟に対応しようという担当者の意欲がそがれてしまう。規則による管理だけでは，統制強化と権限委譲の対立を克服するには限界があることが分かる。

　アウトカムに基づく管理は，規則に基づく管理のこの限界を克服する手法である。まず，市民満足に直結するレベルで成果目標を設定する。その上で，執行担当者が目

---

[4] 公経営改革におけるアウトカム指向の意味についてのより詳細な説明は，国立教育政策研究所社会教育実践研究センター『社会教育計画ハンドブック』「第2節 (1) ニューパブリック・マネジメントと成果評価」(pp. 6-8)，及び「第2節 (2) 計画と評価の関係ア，イ」(pp. 8-10) を参照。

標達成に責任を負う。さらにその達成手段の選択について，執行担当者にできる限り権限を委譲する。統制の対象を執行行為のレベルではなく成果レベルに上げることで，成果レベルで統制機能強化を図りつつ，執行レベルで権限委譲することが原理的には可能となる。こうすることで，市民は，事業実施上の細部について監視するコストを払わずに，サービスの質に対して監視が可能となる。

　NPMの成否は，したがって，第一に成果目標がうまく設定できているかどうか，第二に成果を達成するために必要な執行上の権限が執行担当者に十分委譲されるかどうかにかかっている。行政評価が地方公共団体の経営に取り入れられるのと同時に，庁内分権改革に取り組む地方公共団体も増えてきている。代表的なものに，包括予算制度，組織のフラット化がある。これらの制度は，政策，施策の体系に沿って成果目標が設定されていて初めて有効に機能する。また，こういった制度改革によって権限移譲が一体的に行われなければ，成果に基づく管理の良さは生かされない[5]。

　また，アウトカムによる管理は，庁内分権化と説明責任の向上に役立つだけでなく，市民，NPO，及び企業等様々な庁外主体との連携，協働にも有用である。アウトカムに影響を与える要因は，行政が直接的にコントロールできる要因とコントロールできない要因に分けられる。後者を環境要因という。確実に達成できることのみを計画に記載することが行政の責任であるという考え方からは，コントロールできない要因の影響を受けるアウトカムを用いた目標設定にはためらいが生じることになる。しかし，不確実性の高い社会状況では，むしろアウトカムと同時に環境要因を明示的に示すことで，行政の果たす役割と限界がどこにあるかを示すことになる。目的手段に関する枠組みを共有することにより，様々な地域主体とのパートナーシップ実現の手段にもなる。更に一歩進んで，アウトカムを共有し，権限を外部主体へ委譲することで，官と民の境界を取り払うことが可能になる。PFI（Private Finance Initiative）や指定管理者制度，市場化テストといった手法の成否は，いかに統制機能を落とさずに権限委譲できるかにかかっている。適切なアウトカムの設定ができれば，多主体間の連携コストを下げられるので，低いモニタリングコストで権限委譲することが可能になる。近年では，民間資金を公的目的のために活用するための枠組み

[5]　庁内分権化の取組である包括予算制度と組織のフラットが，施策評価と一体となって導入された典型事例とその意義については，渋谷琢磨「規律ある予算の実現に向けて」『自治大阪60 (2)』2009年，pp. 10-21），入江容子「地方自治体における組織構造のフラット化に関する一考察」『同志社政策科学研究』2002年，pp. 257-276）参照。

として，社会的インパクト投資という事業フレームも登場してきている。このような事業枠組みが有効に機能するためには，アウトカムが適切に設定されていることが重要な前提条件になっている。

【コラム　社会的インパクト投資】

　社会的インパクト投資とは，金銭的な収益を上げると同時に社会的に有益なインパクトを生み出すことを意図した投資のことである。欧米では，ソーシャルビジネスへの資金提供を行う金融機関の設立や，資産と利益を地域に還元することが義務付けられたコミュニティ・インテレスト・カンパニーの制度化など様々な形で，投資規模が拡大している。日本でも，再生エネルギーファンドなどその規模は拡大している。中でも，注目すべき手法に，ソーシャルインパクトボンド（SIB：Social Impact Bond）がある。SIBは，行政が行っていた事業を民間に委託するための手法の一つで，PFIや指定管理者制度など従来の手法と異なる点は，第一に，アウトプットではなくアウトカムに基づいて業務達成度を評価し，達成したときにのみ成功報酬として事業費を支払うことを基本的には志向していること，第二に，成功報酬が支払われるまでの事業資金は，民間の投資機関が資金を調達して事業者に対して投資を行い，投資家は投資リスクと引き換えに投資利益を得る点にある。この手法の利点は，民間投

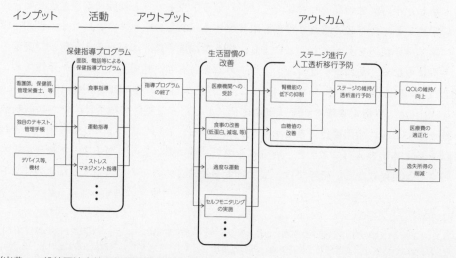

（出典：一般社団法人社会的投資推進財団「神戸市　ソーシャル・インパクト・ボンドを活用した糖尿病性腎症等の重症化予防事業について」2017年，p. 16)

資機関の審査能力の高さによって，優れた能力を持つ民間事業者への選別的な財源配分が可能になることに加えて，成果払いにより事業費を支払うことで，行政の財政的なリスクを抑えながら民間の新しい取組を活用できること，そして何よりも成果指標を用いているために成果重視の質の高いサービスが提供できる点にある。2010年イギリスのピーターバラ刑務所の受刑者向け更生プログラムに導入されたのが最初の事例として知られている[6]。日本の地方公共団体でも取組は始まっており，徐々に広がりを見せている。糖尿病性腎症等進行を抑え，人工透析への移行を予防し，医療費を削減することを目標にした保健指導プログラムの事例では，成果指標に保健指導プログラムの修了率，生活習慣改善率，腎機能低下抑制率が用いられており，中間段階評価においてこれらの目標が達成されたことが確認され，初回の成果連動型支払いが実施されたことが報告されている[7]。

【コラム　SDGsと社会教育事業の評価】

　SDGsとは，2015年9月の国連サミットで採択された「持続可能な開発のための2030アジェンダ」にて記載された2016年から2030年までの国際目標である。2030年に向けた国際目標として，17のゴールの下に169のターゲットと232の評価指標が設定されている。SDGsのユニークな点は，急速にグローバル化する社会に対して全世界の国家，地方公共団体，企業，NPO，市民など全ての主体が，望ましい社会の目標像を共有し，その目標に向かって協調的に進んでいくための包括的な枠組みとして提案されている点である。多様化し複雑化する社会をより望ましい社会に変えるためのグローバルな国際規範と位置付けられている。

　17分野を見てみると，経済，社会，環境の全ての分野にわたり現在の社会が抱えている多くの問題をカバーする構成になっていることが分かる。また，目標と目標達成を検証するための指標を用いて，活動のモニタリングを継続的に進めるというアウトカム指向型PDCAサイクルとなっている。従来のPDCAの枠組みと異なることは，17のゴールの間には関連性は考慮しても，ヒエラルキーは想定していないこと，また，どの分野の目標を目指すかは，各主体の選択に任されている点である。グローバ

[6] ソーシャル・インパクト・ボンドならびに，英国ピーターバラ刑務所の事例については，松尾順介「ソーシャルインパクト債と社会貢献型投資の評価手法」『証券経済研究第84』2013年，pp. 63-82）参照。
[7] 当該事例については，公益財団法人　未来工学研究所「神戸市　平成29年度「未受診もしくは治療中断中の糖尿病患者にたいする糖尿病性腎症重症化予防のための受診勧奨・保険指導事業委託業務」中間報告書」2018年）を参照のこと。

ル社会の市民の一人として果たすべき行為規範として活用できるために，戦略的判断のフレームとして活用できること，また，事業が複数の分野に及ぼす影響を共有の枠組みで把握することができるために，事業全体の関連性をネットワーク的に捉えることができることになる。また，各事業責任者は，関連する目標分野への影響を明示することで，当該事業の社会的価値を多面的に説明できるといったメリットがある。

　社会教育事業の種目表分野は，目標4（教育）である。しかし，教育プログラムによっては，目標1（貧困），目標2（保険），目標4（ジェンダー），目標7（経済成長と雇用），目標10（不平等），目標17（実施手段）（パートナーシップで目標を実現する）などほぼ全ての分野に関連付けられることが分かる。既存の社会教育事業を評価するために十分活用できるし，社会教育事業の計画策定の際にも活用することができる。ただし，169のターゲットと232の評価指標は，途上国も含む国際的な開発目標となっているため，日本の社会教育事業評価を行うためには，そのまま使えないものも多い。社会の大きな変革という観点から，社会教育事業の価値を明確にする上では，役に立つ枠組みである。

表1　持続可能な開発目標（SDGs）の詳細

目標1（貧困）	あらゆる場所のあらゆる形態の貧困を終わらせる。
目標2（飢餓）	飢餓を終わらせ，食料安全保障及び栄養改善を実現し，持続可能な農業を促進する。
目標3（保健）	あらゆる年齢のすべての人々の健康的な生活を確保し，福祉を促進する。
目標4（教育）	すべてに包摂的かつ公正な質の高い教育を確保し，生涯学習の機会を促進する。
目標5（ジェンダー）	ジェンダー平等を達成し，すべての女性及び女児の能力強化を行う。
目標6（水・衛生）	すべての人々の水と衛生の利用可能性と持続可能な管理を確保する。
目標7（エネルギー）	すべての人々の，安価かつ信頼できる持続可能な近代的エネルギーへのアクセスを確保する。
目標8（経済成長と雇用）	包摂的かつ持続可能な経済成長及びすべての人々の完全かつ生産的な雇用と働きがいのある人間らしい雇用（ディーセント・ワーク）を促進する。
目標9（インフラ，産業化，イノベーション）	強靭（レジリエント）なインフラ構築，包摂的かつ持続可能な産業化の促進及びイノベーションの推進を図る。
目標10（不平等）	各国内及び各国間の不平等を是正する。
目標11（持続可能な都市）	包括的で安全かつ強靭（レジリエント）で持続可能な都市及び人間居住を実現する。
目標12（持続可能な生産と消費）	持続可能な生産消費形態を確保する。
目標13（気候変動）	気候変動及びその影響を軽減するための緊急対策を講じる。
目標14（海洋資源）	持続可能な開発のために海洋・海洋資源を保全し，持続可能な形で利用する。
目標15（陸上資源）	陸域生態系の保護，回復，持続可能な利用の推進，持続可能な森林の経営，砂漠化への対処ならびに土地の劣化の阻止・回復及び生物多様性の損失を阻止する。
目標16（平和）	持続可能な開発のための平和で包摂的な社会を促進し，すべての人々に司法へのアクセスを提供し，あらゆるレベルにおいて効果的で説明責任ある包摂的な制度を構築する。
目標17（実施手段）	持続可能な開発のための実施手段を強化し，グローバル・パートナーシップを活性化する。

（出典：平成27（2015）年9月25日国連サミット採択（外務省日本語仮訳）「我々の世界を変革する：持続可能な開発のための2030アジェンダ」p. 14を基に作成）[8]

（坂野　達郎）

---

[8] https://www.mofa.go.jp/mofaj/files/000101402.pdf

Ⅱ　社会教育行政の経営戦略

1　計画の意義

(1) 行政における計画の意義

ア　計画とその意義

　計画とは，一般的には，目的や目標の達成のための合理的な手段と方法を体系的にまとめたものである。行政における計画は，行政が政策課題の解決を政策目的として捉え，その目的達成のために最も望ましいと考えられる手段と方法を体系化した行政活動案ということができる。

　このような行政における計画には，他の行政部局の計画との相互の関連性を保持しながら，政策目的を総合的，かつ，効果的に実現し，市民生活の維持，向上，充実を図るところに意義がある。

イ　行政経営と計画

　近年，行政活動に対して成果重視の傾向がみられる。その背景には，1980年代以降の行政管理（public administration）から行政経営（public management）という行政運営の捉え方のシフトがある。

　行政管理の場合は，行政活動が行政内部のルールに基づいて一律的・集権的に管理され，決められた手続きに沿って公共サービスが行われることに特徴がある。特に，人的資源，物的資源，予算（インプット）が投入される時点での管理に重点が置かれる。この利点として，サービス提供の方法が標準化されやすく，サービスの結果（アウトプット）についての公平性，整合性，安定性，継続性が高まることがある。反対に，行政管理の欠点として，国民の多様なニーズへの対応など，外部環境の変化に対して，迅速，かつ，的確に対応することが難しいことが挙げられる。

　これに対して，行政経営は，公共サービスがそれを利用した人々にどれだけの成果を生み出したかを重視する考え方であり，成果志向と顧客志向に特徴がある。また，成果（アウトカム）に対してはそれぞれの担当部署が責任をもつようになるため，それぞれが課題や，到達すべき目標を明確にして，サービスの提供に取り組むことが求められる。

　このように，現在の行政には「行政を経営（マネジメント）する」という視点と方法が不可欠になっている。そのため，行政における計画は，的確に政策課題を捉

え，戦略的な視点をもって，政策目的達成のために有効な手段と方法を選択し，体系化することが求められる。また，期待される適切な成果に対応する目標の設定，効率的な行政活動の実行，行政活動の成果の測定と評価，次期計画の改善というマネジメント・サイクルの中に計画とその策定を位置付ける必要がある。

（2）行政計画と教育計画

ア　行政計画

　地方公共団体の行政計画の場合，総合計画が最上位にあり，全ての計画の基本となっている。総合計画は，基本構想—基本計画—実施計画という構造になっていることが多い。

　基本計画の場合も実施計画の場合も，計画を構成する基本的な項目は，1）達成すべき「政策目的」（goal），2）政策目的を達成する手段としての「政策」（policy），3）政策の目標を達成する手段としての「施策」（program），4）施策の目標を達成する手段としての「事務事業」（project）[1]である。これらの項目は，上位の項目に対しては手段であり，下位の項目に対しては目的という関係にある。この政策目的—政策—施策—事務事業の全体は樹形図のように表すことができ，上位から下位に向かうほど，個別具体的な内容となる。

イ　教育計画

　社会教育計画は教育計画に位置付けられるので，行政一般の計画とは言えないが，ここで教育計画についても触れておこう。教育計画の法的基盤となるのは，我が国では教育基本法である。教育基本法では，第一章に「教育の理念と目的」が示され，このうちの第1条に「教育の目的」，第2条に「教育の目標」が規定されている。教育の目的は，「人格の完成を目指し，平和で民主的な国家及び社会の形成者として必要な資質を備えた心身ともに健康な国民の育成を期」すとなっている。また，これを受けて教育の目標が5項目にわたって示されている。我が国の教育計画は，この目的と目標に基づくものということができる。

　さらに，教育基本法第17条は，教育振興基本計画について規定している。教育振興基本計画は，教育基本法に示された理念の実現と，我が国の教育振興に関する施策の総合的・計画的な推進を図るために政府が定める計画である（巻末の教育基

[1] 吉田民雄「計画の目的と評価」，国立教育政策研究所社会教育実践研究センター『地方公共団体における社会教育計画等の策定及び評価に関する調査研究報告書』，平成20（2008）年。

本法を参照）。

　教育基本法が平成18（2006）年に改正されて以降，初めての教育振興基本計画が策定されたのは平成20（2008）年7月である。これが第1期の教育振興基本計画と呼ばれる。その後，平成25（2013）年7月に第2期の教育振興基本計画，平成30（2018）年7月に第3期の教育振興基本計画が策定されている。

　それぞれの地方公共団体は，国の教育振興基本計画を参酌し，教育，学術及び文化の振興に関する総合的な施策の大綱（以下，大綱という。）を策定することが，地方教育行政の組織及び運営に関する法律（第1条の3）によって義務付けられている。ここでいう大綱とは，教育等の振興に関する施策について，「その目標や施策の根本となる方針」[2]のことで，地方公共団体の長が総合教育会議の協議を経て策定することとなっている。大綱の期間は4年から5年程度とされている。また，各地方公共団体では，教育基本法（第17条第2項）により，国の教育振興基本計画を参酌し，地域の実情に応じ教育の振興のための施策に関する基本的な計画（教育振興基本計画等）を定めることが努力義務となっている。両者の関係は，教育振興基本計画を定めている場合には，その中の目標や施策の根本となる方針の部分が大綱に該当するものと捉えられている[3]。

(3) 計画と評価
ア　PDCAサイクル

　「行政を経営する」というマネジメントの代表的な考え方にPDCAサイクル[4]がある。PDCAサイクルは，計画や事業を円滑に進めていく際のマネジメント手法の1つであり，P（Plan,計画）→D（Do,実行）→C（Check,評価）→A（Action,改善）を段階的に，かつ循環的に推進し，事業改善を図るものである。

　図1はPDCAサイクルを図にしたもので，計画と評価の関係も合わせて示している。評価は計画に照らして行われる。評価は計画した内容がどれだけ達成できたかを判断することを基本としている。一方，計画は評価結果を予測して策定する。なぜなら，実現不可能な計画を策定しても意味がないからである。

---

[2] 文部科学省初等中等教育局長「地方教育行政の組織及び運営に関する法律の一部を改正する法律について」（通知），平成26（2014）年7月17日より引用。
[3] 同上に基づく。なお，同通知では，「地方公共団体の長が，総合教育会議において教育委員会と協議・調整し，当該計画をもって大綱に代えることと判断した場合には，別途，大綱を策定する必要はない」とされている。
[4] 詳細は，本書第2章Iを参照のこと。

イ　客観的な根拠（エビデンス）に基づくPDCAサイクルの推進

　計画，実行，評価，改善のいずれのプロセスにおいても客観的な根拠を確認しながら進めることが必要である。このうち，根拠を伴った計画の策定は，一般的には，「証拠に基づく政策立案」，あるいはEBPMと呼ばれる。EBPMとは，目的達成のために効果が上がる行政手段は何かなどを証拠に基づいて明確にする取組[5]である。EBPMで重要なことは，ロジックモデル[6]を作成し，期待する成果と達成手段の論理関係を明らかにし，政策が目的達成に有効であるかを確かめることである。また，ここでいう証拠（エビデンス）とは，政策の有効性を示せる科学的な根拠のことであり，政策目標の設定において重要なデータとなる。EBPMが求められる背景には，事例やエピソードが重視され，過去の慣行から行われてきたこれまでの政策では十分な実効性が認めにくいといった問題があった。

　このようなEBPMの考え方と取組は国際的な潮流であり，我が国では，「統計改革推進会議最終取りまとめ」（平成29［2017］年5月）等を通じ，全省庁をあげ

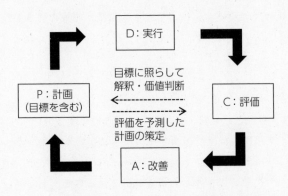

図1　PDCAサイクルと「計画－評価」の関係

（浅井経子「社会教育計画を策定する目的と意義」国立教育政策研究所社会教育実践研究センター『社会教育計画策定ハンドブック』2012年3月，p. 1の図に加筆して作成した。）

---

[5] 内閣官房行政改革推進本部事務局「EBPMの推進」，平成30（2019）年1月（統計改革推進会議第5回幹事会資料）。また，本書第3章Ⅱ－3を参照のこと。

[6] 投入される資源（インプット），実施される活動（アウトプット），その結果生じる成果（アウトカム）の間における論理的関係を簡潔に表現する説明図のこと。（総務省EBPMに関する有識者との意見交換会事務局「EBPM（エビデンスに基づく政策立案）に関する有識者との意見交換会報告（議論の整理と課題等）」，平成30（2018）年10月，p. 6）。詳細は，本書第2章Ⅰ－3を参照のこと。

てその推進が図られている。第3期教育振興基本計画においても「客観的な根拠
（エビデンス）を整備して課題を把握し，評価結果をフィードバックして既存の施
策や新たな施策に反映させるといった，客観的な根拠に基づくPDCAサイクルの確
立をさらに進めていくことが必要である」とされている。

（原　義彦）

2　社会教育計画の構造

(1) 社会教育計画の定義，意義，内容
ア　定義

　社会教育計画とは，文字どおり，社会教育の領域における計画を指す。計画の策定主体は行政だけでなく，社会教育関係団体やカルチャーセンターなどの民間の教育文化関係機関や大学のエクステンションセンターなど，社会教育の活動を行う団体等も含まれると考えられる。ここでは，社会教育行政が策定する社会教育計画について述べることとする。

　教育基本法及び社会教育法では，社会教育を奨励し，人々の学習に関する環境を醸成することが国や地方公共団体の役割として規定されていることなどから，行政が社会教育計画を策定することは現実的なことである。

　社会教育行政が策定する社会教育計画を実態的に定義すれば，「社会教育の目的を達成するために，一定期間の政策課題と優先順位を定め，その課題達成のための目標を設定した場合の，目標達成のために必要な政策手段の体系」となる。
イ　策定の意義

　社会教育計画は，当該地方の必要に応じた社会教育振興のビジョンを構想し，取り組むべき施策や事業のプロセスを描いて，総合的かつ効果的に実現できるようにすることに意義がある。また，地域住民や関係する団体・機関，そして議会や行政内に明らかにする点にも計画策定の意義がある。さらに，それを通して，地域住民や行政内外の関係各方面の協力を得ながら遂行していく点にも策定の意義がある。

　前節で述べたように，社会教育計画は行政計画と教育計画の二つの側面を備えている。一つは，計画期間の社会教育行政の到達目標と施策や事業等のプロセスを描くという行政計画の側面である。もう一つは，個人の要望や社会の要請にこたえ，人々や社会の様々な課題を解決する人間の形成を目指して社会教育の事業や活動を計画化するという教育計画の側面である。社会教育計画は，この二つの側面を合わせもつところに，独自性と特徴を備え，これらを前提に策定される点に意義がある。
ウ　内容

　地域住民の生活行動は居住する市町村内だけで行われているとは限らず，それは学習活動にもあてはまる。一方，当該市町村に大きな工場などの企業や大学などが存在する場合には，昼間は周辺の市町村から人々が通勤や通学をしているということもよくある。社会教育計画が対象とする地理的な範囲は，事業の対象者や連携・

協力する機関・団体など，地域の実状と必要に応じて考えてよい。

　また，近年では，（地域によっては）様々な団体や機関による学習機会や学習空間が提供されている。さらに，インターネットの進展に伴い，MOOCなどのオンラインの学習環境が整備されてきている。民間の機関や団体，民間教育事業，大学の活動などを視野に置きつつ，自治体内の社会教育振興に向けて，社会教育行政が担う役割について立案・策定していくことになる。

　さらに，実効性ある社会教育計画を策定するためには，①学習機会提供やイベントの実施，団体等への支援など「事業面の計画」，②公民館・図書館・博物館等の社会教育施設の配置・建設などの「施設面の計画」，③職員配置や地域リーダー養成など「人材育成・体制面の計画」，そして④これらを予算面で裏付けする「財政面の計画」の四つを包含した内容構成とすることが期待される。

(2)　社会教育計画と他の計画との関係

　地方公共団体では，全ての計画の基本となる総合計画，その下位計画に位置付く教育全体に関わる教育振興基本計画，さらにこれらの計画の下に学校教育に関わる計画や社会教育計画が定められることが多いが一様ではない。

　では，社会教育計画と他の行政領域の計画はどのような関係にあるだろうか。地方公共団体では，法令によって策定が義務付けられているものも含め，個別の領域計画として，都市計画マスタープラン，地域福祉計画などを策定している。これらはいずれも総合計画の下位計画であるので，全体として他の計画との整合性が求められる。特に，まちづくりや環境，福祉，男女共同参画などの領域とは，啓発を含めた学習，リーダーやボランティアの育成など，社会教育の振興・拡充と密接に関連するため，役割分担，連携・協力を含め各計画との整合性が求められる。

　また，行政の活動は，国・都道府県・市町村の各レベルの役割に応じて行われるため，社会教育計画もそれぞれのレベルで策定する必要があると考えられる。行政構造あるいは計画体系の観点からは全体としての整合性が求められる一方で，国・都道府県・市町村は，制度上，上下関係にあるわけではなく，地方分権の観点及び社会教育法の規定からも，各地方公共団体において「当該地方の必要に応じ」て自律的に策定することが期待される。

(3)　社会教育計画の種類

　行政における計画は，総合計画の下，各行政領域の範囲及び期間で区分された構想

社会教育中・長期計画				
	単年度事業計画			
		個別事業計画		
			学習プログラム	
				実施運営計画
５年から１０年程度を計画期間とし、中・長期的かつ総合的な構想と施策の計画	当該年度に実施する学習機会、学習支援、施設の建設・改修等の事業すべてを体系的にまとめた実施計画	個々の事業の目的・趣旨に基づき作成される運営・展開の計画	教育目標・学習目標に向かって、効果的な学習をすすめるために、内容配列と個々のプログラムの展開計画	事業等の実施・運営するために事務局の段取りや事前準備等の詳細を示す計画

図２　社会教育計画体系

（出典：北海道立社会教育総合センター研究報告書第１号「学習機会の提供に関する研究〜学習プログラムの充実化を目指して〜」1993年, p. 5図を参考に作成）

から実施までの段階的な計画で構成され，その点は社会教育計画も同様である。

　社会教育計画の段階的な計画の体系・種類は図２のようになる。

　「社会教育中・長期計画」の目的・目標を達成するために「単年度事業計画」があり，また，「単年度事業計画」の目的・目標を達成するために「個別事業計画」が，というように，計画体系，つまり計画の上位下位の関係は目的・目標と手段の関係にある。したがって，一般的には，「社会教育中・長期計画」→「単年度事業計画」→「個別事業計画」→「学習プログラム」→「実施運営計画」の順に策定されていく。

ア　社会教育中・長期的計画

　中・長期計画は，５年から10年程度先を見据えた総合的な構想と施策を内容として策定される。また，公民館や図書館等の社会教育施設等でも，社会教育行政の中・長期計画を踏まえて，施設ごとに中・長期計画を策定することが少なくない。

　近年は社会の変化のスピードが早いことから，地方公共団体によっては，中・長期計画は策定せずに「実行プラン」や「アクションプラン」などの名称を用いて，計画期間３年程度の実施計画を最上位計画として策定することもある。

イ　単年度事業計画

　単年度事業計画は，年間事業計画とも呼ばれ，上位の中・長期的計画に基づいて，単年度における事業名，趣旨，内容・方法，対象，実施期間，予算・経費等の概要を示したものである。多くの場合，地方公共団体の生涯学習・社会教育主管課において，前年度末または当該年度初めに策定され，当該年度に実施する学級・講座，集会・行事，各種イベント，情報提供・学習相談，リーダー養成・研修，団体育成等の学習機会，学習支援，施設の建設・改修等の事業全てが網羅されている。

当該年度の全ての社会教育事業はこの計画に沿って実施される。

ウ　個別事業計画

　個別事業計画は，単年度事業計画に基づき実施する個々の事業の詳細な運営・展開の計画で，企画書や実施要項等に記載する内容を中心に立案される。学級・講座を例にすれば，事業名，事業趣旨，教育目標・学習目標，対象，募集人員，回数，開催日時，学習プログラム会場，講師等指導者，予算・経費，事業の効果などである。

エ　学習プログラム

　学級・講座やイベント等における学習プログラムは，社会教育計画の体系上，教育計画の側面が最も強いものである。学習プログラムは，教育目標・学習目標に向かって，参加者である学習者が効果的な学習を進めるために，例えば，導入・展開・まとめという構成の下，どのような内容をどのような順番で展開するのか，その内容配列と展開を詳細に計画したもので，学習活動の具体的な達成目標や学習内容・方法等，また，講師・助言者等の指導の方法やタイミング等を示すものである。学習プログラム立案の方法や留意点等の詳細については，『生涯学習支援論ハンドブック』の第3章Ⅱ「学習プログラムの編成の視点」の項を参照されたい。

オ　実施運営計画

　職員等のスタッフの事務局資料として作成して備えておくとよいものとして，実施運営計画がある。この計画は，事業等を実施・運営するために，スタッフの役割分担，教材・教具や備品類，消耗品等の準備など，事務局の段取りや事前準備を示すものである。

　実施運営計画は，社会教育計画の最も下位に位置付けられるもので，事務局の運営マニュアルやスタッフ用シナリオとしての性格が強いものである。

（稲葉　隆）

(4) 社会教育計画の体系と構造

　社会教育計画は，その期間や内容に応じていくつかの種類があるが，ここでは中・長期計画の体系と構造について言及する。

　第2章Ⅱ-1で述べてきたように，これからの社会教育計画では計画実施後の評価を前提としていくことが求められる。社会教育計画の策定は，社会教育に関する上位の目的や目標を設定し，それを実現するための施策の策定，さらにはその施策を実行するための具体的な事務事業の計画というように，上位から下位へ，大項目から小項目へ，全体から個別へ，という関係で行われてきた。

　さらに，最近は評価を前提とした社会教育計画の策定が必要とされている。計画と評価の体系と構造を示したものが図3である。

　図3が示している最も重要な点は，社会教育計画が計画体系と評価体系の二つの体系から構成されているということである。計画体系の樹形図は従来から考えられてきた体系で，計画に関わる大項目，中項目，小項目で成り立つ体系である。便宜上，大

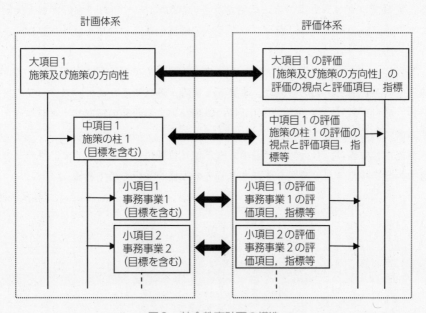

図3　社会教育計画の構造

(山本恒夫「社会教育計画における計画と評価の体系」国立教育政策研究所社会教育実践研究センター『地方公共団体における社会教育計画等の策定及び評価に関する調査研究報告書』平成21(2009)年3月，p.13を加筆)

項目は1項目のみを示しているだけだが，通常は3～5項目くらい設定される。中項目1についても同様である。この計画体系の項目は，通常，トップダウン型で設定される。つまり，上位にある大項目1を実現するための手段として中項目1が設定され，さらに中項目1を達成するための手段として小項目1及び2が設定されている（「施策及び施策の方向性」「施策の柱」「事務事業」は，項目の例）。

　この計画体系に対応しているのが評価体系である。評価体系は，大項目の評価，中項目の評価，小項目の評価で構成される。これらの項目は計画体系のときとは反対にボトムアップ型で設定される。まず，計画体系で最も下位のレベルにある小項目1を評価する「小項目1の評価」と，小項目2を評価する「小項目2の評価」が設定される。そして，この二つの評価をまとめたものとして「中項目1の評価」が設定される。このとき，「中項目1の評価」は，計画体系の中項目1に対応するものであり，中項目1の内容を評価できるように設定する必要がある。さらに，このように設定された中項目1の評価と，ここには示されていないそれ以外の中項目の評価をまとめて大項目1の評価を設定する。前と同じように，このようにして設定された大項目1の評価は，計画体系の大項目1に対応するもので，大項目1を評価できる内容であることが必要である。

(5) 社会教育計画策定の手順
ア　計画策定の視点

　ここでは，「上位の目標を達成するための方策の策定」という視点とともに，「計画とその実施及び成果を評価する」という視点を加えた社会教育計画の策定の手順を示すことにする。

イ　計画策定の手順

　ここでは，図3のような形式の社会教育計画の策定について取り上げる。また，わかりやすくするため，計画体系における大項目，中項目，小項目はそれぞれ「施策及び施策の方向性」，「施策の柱」，「事務事業」という用語を使って説明することにし，評価体系では「評価の視点と評価指標」としている。

　社会教育計画の策定の手順を示すと図4のようになる。手順1は「計画体系の骨格づくり」で，計画体系のうちの「施策や施策の方向性」（大項目），その実現のためのいくつかの「施策の柱」（中項目），さらにこれらの内容を具体化した事務事業（小項目）の設定のことになる。なお，これらは，この後の策定作業の中で修正されることがある。

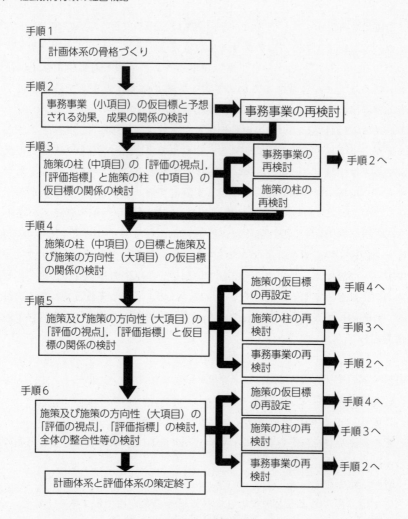

図4　社会教育計画策定の手順

　手順2からは実施後の評価を考慮した計画策定作業になる。手順2では，手順1で設定した事務事業の目標と実施後に予想される事業の結果，効果・成果（事業実績，事業の直接的な効果，事業目標達成度（次頁「用語解説」を参照））を事務事業のあとに続く流れを基に検討する（図5）。

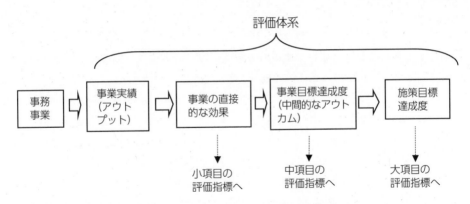

図5　評価体系にみられる事業実績から施策目標達成度までの流れ

(出典：国立教育政策研究所社会教育実践研究センター『社会教育計画ハンドブック』平成21
(2009) 年p. 17の図を加筆して引用。)

■用語解説

> 事業実績
> 　事務事業の実施や活動の状況とその結果にかかわる内容で，いわゆる事業のアウト
> プット（事業の結果）といわれるもの。事業の実施回数，事業の参加者数，利用者
> 数，利用団体数など。
>
> 事業の直接的な効果
> 　事業実績によって直接的に生じる事業の成果のことで，事業のアウトカム（事業の
> 成果）に含まれる。評価体系の中では施策目標の達成に向けて初期的な事業の成果で
> あるが，計画体系の事務事業に対応した成果で，個々の事務事業の目標達成の状況を
> 示す。
>
> 事業目標達成度
> 　「事業の直接的な効果」から期待される中項目レベルの事業のアウトカムの達成度
> で，評価体系の中で見ると中間的なアウトカムとなる。「事業の直接的な効果」や
> 「施策の柱」を基にして作成される。
>
> 施策目標達成度
> 　「事業目標達成度」から期待される大項目レベルの事業のアウトカムの達成度のこ
> と。

　手順３では，事務事業の評価（視点，指標）を基に「施策の柱」の評価の視点と
評価指標を作成し，それらと当初設定した「施策の柱」の目標の関係の検討を行う。
　手順４では，手順３で必要に応じて修正された「施策の柱」の達成目標を実現す
ることにより，その後，どのような流れで大項目の仮目標の達成につながるかを検

討する。

　手順5では，複数の「施策の柱」の事業で予想される成果などを基に施策目標達成度を想定しながら「施策や施策の方向性」の評価の視点，評価指標を作成する。それらを用いて大項目の目標が評価できるかどうかを検討する。

　手順6は「施策や施策の方向性」の評価の視点，評価指標の妥当性を検討する。ただし，問題があれば，「施策や施策の方向性」，「施策の柱」，「事務事業」のそれぞれの再設定，再検討を行う。さらに，計画体系と評価体系の全体の整合性の検討が終了すると計画策定は終了し，社会教育計画が完成する。

ウ　「社会教育計画」（単年度事業計画，中・長期計画）の評価

　ここでいう「社会教育計画」の評価とは，単年度事業計画や中・長期計画を実施した後の達成度の評価のことである。「社会教育計画」にはいくつかの施策があるため，それぞれの施策ごとに評価を行ってそれらをまとめることによって，「社会教育計画」全体の評定が可能となる。さらに，その結果を事業改善や次期の計画策定に活用する。

　大項目（施策）の評価は，個々の中項目（施策の柱）の評価指標を総合して行う。また，評定の段階は3段階や5段階などが用いられることが多い。5段階（A〜E）であれば，例えば次のようなものがある。

　　【評価に用いられる評価段階（例）】
　　　A：施策の目標が十分達成されている。
　　　B：施策の目標がかなり達成されている。
　　　C：どちらともいえない。
　　　D：施策の目標があまり達成されていない。
　　　E：施策の目標が達成されていない。

(6) 策定において具備すべきこと

　上記のような社会教育計画の意義を担保するためには何が必要なのだろうか。それには，a．政策課題や目標が妥当であること，b．目標と政策手段の関連に合理性があること，c．目標の達成状況が評価できること，またその評価内容が妥当であること，を挙げることができる。また，目標値を設定するに当たっては，過去の類似事業の実績，同種の事業を行っている他の地方公共団体，施設等の状況などを参考にするとともに，実情に応じた創意工夫や様々な角度から検討することが必要である。

　さらに，国や地方公共団体の計画策定では，住民の意見を反映しやすくするために，住民参加・参画型の形態をとる場合が多い。社会教育計画の策定でも住民や学習者等の意見を積極的に取り入れることが求められている。住民の意見を取り入れる社会教育計画の策定の形態には，策定段階の最初から委員等として策定作業に参画するようなケースから，公聴会のように意見を聞く機会を設けるケース，計画案が作成された段階で住民から広く意見を聞くパブリックコメントのようなケースなど，実際には様々である。このような場面に社会教育委員などが関わることもある。

（原　義彦）

3　社会教育事業評価の内容と手順

(1) 事業評価とは

　ここでは，社会教育事業の事業評価とその方法，手順等について取り上げることにする。

　事業評価とは，事業活動の実態や成果を分析・測定し，実施機関・施設・団体等の当該事業目標に照らして達成度を解釈・価値判断を加えることをいう[1]。この評価は事業評価のうちでも達成度に関わる評価のことである。なお，事業評価には，観点別の評価といわれる，いくつかの観点を決めて行う事業評価もある。

ア　達成度の評価

　達成度の評価は，一般には，事業終了時，あるいは事業の終了後に行われる評価のことで，事業の総括的評価とも言われる[2]。この事業評価は，社会教育に関わる行政，施設，団体等が行う社会教育事業の評価にもあてはまる。

　事業評価は，評価を行う主体や実施時期などによって分類することができる。評価の実施主体で見ると，事業提供者や実施者が行う評価を自己評価と，地方公共団体の公的な社会教育施設の事業であればそれを所管する行政の担当部課，外部の専門家，住民などが行う他者評価がある。また，事業評価を実施する時期によって分類すると，事業の実施前に行う事前評価，事業の実施中に行う事中評価，事業の終了後に行う事後評価があり，総括的評価は一般には事後評価のことである。

　事業評価において，基本的，かつ重要なことは，先の定義にもあるとおり，評価は事業目標に照らして行われるということである。ゴミの分別や減量化を目指す事業であれば，事業の実施後，分別のルールが守られているかを調査し，参加した受講者のうちでルールを守る人が増えたとすれば評価結果は良いことになる。もちろ

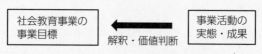

図6　社会教育事業の評価

---

[1] 山本恒夫，浅井経子，椎廣行編『生涯学習［自己点検・評価］ハンドブック』，文憲堂，2004年，p. 10の定義に一部加筆した。
[2] 事業評価には，実施する時期で分類すると，このほかに事業の実施前に行う事前評価，事業の実施中に行う事中評価がある。

ん，このような事業実施後の受講者の意識，行動，態度の変容は，当該事業のみの
効果とは言えない部分があるので，評価のときは外部要因を考慮した解釈が必要で
ある。

イ　観点別の評価

　観点別の評価は，実施しようとする計画や事業が住民や社会のニーズに照らして
必要か（必要性），期待される効果が得られるか（有効性），投入しようとする予算
などに見合う効果が得られるか（効率性）などの観点に基づいて行われる。観点別
の評価は，達成度だけでは測ることができない事業の必要性や有効性などについ
て，事業の計画段階や実施前に評価をしたり，事業の実施後には実施した事業の有
効性や効率性を評価するとともに，次期の事業に向けて実施の必要性や妥当性など
の観点から評価を行い，事業実施の可否の検討や，実施に向けた計画の修正などを
行う。

(2) 事業評価の方法

　社会教育事業の達成度に関わる事業評価は，おおよそ次の手順で行われる。

手順 1：評価項目の抽出
手順 2：評価指標の作成
手順 3：目標値の作成
手順 4：分析，測定，価値判断
手順 5：総合判定

　これらの事業評価の手順のうち，手順 1 から 3 までは事業実施の前に行っておく作
業である。

　評価項目とは，事業評価で評価の対象とする具体的な項目のことである。評価項目
は，事業目標の中から，「～～の実施状況」，「～～の向上の状況」のように抽出され
る（手順 1）。また，評価項目は，一つの事業の事業目標から複数の評価項目が抽出
されることもある。事業目標があいまいであると評価項目の抽出が困難になるので，
事業目標を設定するときには，評価項目を想定することが望まれる。

　評価指標は，評価項目の内容を測定するときに用いる指標のことで，定量的な指標
と定性的な指標がある（手順 2）。今般の事業評価では可能な限り定量的な指標を設
定することが求められるが，定性的な指標も用いられる。

　なお，評価指標の作成に当たっては，その評価指標が評価項目の状況を的確に表す
ものになっているかどうか（整合性），また，評価指標を用いて実際に測定ができる

かどうか（測定可能性）などの点にも留意する必要がある。評価指標を作成したら，その指標について達成を目指す値を示した目標値を設定する（手順3）。

　さらに，事業実施後に，作成した評価指標を用いて，事業の結果や成果の分析・測定を行い，目標や目標値との比較によって達成度についての価値判断を行う（手順4）。また，作成した複数の評価項目の評価結果をまとめて，総合判定を行う（手順5）。総合判定では，その後の事業の継続について，拡大して継続，維持継続，縮小して継続，廃止などの判定を行う。

(3) 評価指標設定の意義と手順

　ここでは，評価の手順の中でも最も重要な作業の一つである評価指標の作成に関わる手順（手順１，２，３）について，地域学習グループリーダーの資質向上事業を例に具体的に示すことにする。この事業の事業目標は次のようになっているとする。

　地域学習グループリーダーを対象に，リーダーやボランティアの役割，学習集団の課題分析手法等の研修を行い，^A<u>学習グループの活性化を支援</u>する。さらに，学習グループがその特徴を生かして^B<u>地域課題の解決やまちづくりに積極的に貢献</u>できるようにする。

---

①　評価項目の抽出

　まず，この事業目標から評価項目を抽出する。評価項目は，事業目標から取り出す。この事業の事業目標は「学習グループの活性化の支援」や「地域課題の解決への貢献」，「まちづくりに積極的に貢献」と言える。そこで，上の事業目標から評価項目A，Bを抽出することができる（表１）。

②　評価指標の作成

　次に，評価指標の作成を行う。ここでは，例として評価項目Aについては三つの評価指標を，評価項目Bについては二つの評価指標を作成した（表１）。

③　目標値の設定

　さらに，それぞれの評価指標には目標値を設定する。目標値の設定は，過去の類似事業の実績，同種の事業を行っている他の地方公共団体，施設等の状況などを参考にして行う場合が多い。

表1　評価項目と評価指標

評価項目	評価指標
Ａ：学習グループの活性化の状況	Ａ－1：従来よりも月間の学習活動の回数が増加した学習グループ数 Ａ－2：学習グループ相互で新たな連携，協力，共同の活動がみられた数 Ａ－3：事業後に新会員の加入のあった学習グループの比率
Ｂ：地域課題の解決やまちづくりへの貢献の状況	Ｂ－1：地域課題の解決やまちづくり支援に関わる新たな活動を始めた学習グループ数 Ｂ－2：学習グループの地域課題の解決やまちづくり支援の活動で，行政の施策の実現に貢献した活動事例数

(4) 観点別の評価の方法

　達成度の評価の他に観点別の評価があり，それを取り入れた地方公共団体の評価もある。政策評価における観点別の評価の一般基準として，表2のような内容が例示されている。ここに示された観点と一般基準は，社会教育事業の評価においても用いることが可能である。

表2　観点別の評価の一般基準

観点	一般基準
必要性	・政策の目的が，国民や社会のニーズに照らして妥当か，上位の目的に照らして妥当か。 ・行政の関与の在り方から見て行政が担う必要があるか。
有効性	・政策の実施により，期待される効果が得られるか，又は実際に得られているか。
効率性	・投入された資源量に見合った効果が得られるか，又は実際に得られているか。 ・必要な効果がより少ない資源量で得られるものが他にないか。 ・同一の資源量でより大きな効果が得られるものが他にないか。
公平性	・政策の目的に照らして，政策の効果の受益や費用の負担が公平に分配されるか，又は実際に分配されているか。
優先性	・他の政策よりも優先的に実施すべきか。

（出典：政策評価の手法等に関する研究会『政策評価制度の在り方に関する最終報告』，平成12（2002）年12月より作成。）

(5) 事業評価と広聴

　事業評価において留意することの一つに，住民の評価への参画や住民への評価結果の公表がある。住民の評価への参画には，住民の視点から事業評価が行われることに意義がある。また，評価の結果を次の計画に生かすことによって，より一層，住民の意向を取り入れた事業展開が期待できる。住民の参画の形態は，住民が質問紙調査等に回答することを通じて事業評価に関わる場合や，事業評価の結果等について広く住民の意見を求めるパブリック・コメントなどの方法がある。社会教育委員や公民館運営審議会委員など住民の代表者が事業評価に関わる場合もある。

　さらに，事業評価の結果は，住民に公表することも求められている。事業評価の第一の意義は事業の改善に役立てることにあるが，事業評価の結果を住民に公表することで説明責任（アカウンタビリティ）を果たすことになる。

（原　義彦）

第3章
社会教育の現状把握と
広報戦略

Ⅰ　地域課題の分析と把握

1　地域課題を分析する意義

(1)　地域課題とは

　地域の教育力の低下，コミュニティの崩壊，地域の人と人の連帯感の希薄さといった問題が，私たちの社会で深刻化していることを背景に，近年の社会教育では，社会的，地域的課題への対応に大きな関心が向けられるようになっている。

　平成29（2017）年3月に学びを通じた地域づくりの推進に関する調査研究協力者会議が取りまとめた『人々の暮らしと社会の発展に貢献する持続可能な社会教育システムの構築に向けて―論点の整理―』の中では，「地域住民が地域コミュニティの将来像や在り方を共有し，その実現のために解決すべき地域課題とその対応について学習し，その成果を地域づくりの実践につなげる学び」を「地域課題解決学習」と表現している。

　「地域課題」とは，「地域住民の共同的生活課題，すなわち多くの地域住民が共通して直面していると同時に，その解決が個人的には不可能であって，地域住民の共同の取組みによってはじめて可能となるような生活課題」（松原治郎他，1981年，p. 120）であり，その課題には，全ての地域が共通に抱えている課題とある特定の地域のみが抱えている課題の二つがある。

　この地域課題の内容は，例えば1）狭い意味での地域生活環境にかかわる課題，2）地域産業の振興にかかわる課題，3）地域の教育にかかわる課題，4）地域の文化にかかわる課題，5）地域の社会関係にかかわる問題，6）地域の政治・行政にかかわる課題（松原治郎他，1981年，pp. 121-122）等に分類される。具体的には，現在，生涯学習推進領域で「現代的課題」といわれているものが参考になろう。現代的課題とは，「社会の急激な変化に対応し，人間性豊かな生活を営むために，人々が学習する必要のある課題」であり，具体的な課題として，「生命，人権，豊かな人間性，家庭・家族，消費者問題，地域の連帯，まちづくり，交通問題，高齢化社会，男女共同参画社会，科学技術，情報の活用，知的所有権，国際理解，国際貢献・開発援助，人口・食糧，環境，資源・エネルギー等」が挙げられている。このように，現代的課題は実に多様であり，地域課題は，それぞれの地域の実情に照らして検討していくことが重要である。また行政においては，地方公共団体の総合計画に示されている地域

46

課題を念頭に置くことも必要である。

(2) 地域課題を分析する意義

　地域課題は，地方公共団体の取組のみで解決できるわけではない。住民一人一人が課題解決の当事者として，その課題に関心を持ち，学び，考え，そして行動することが必要なのである。そこで，社会教育の重要な役割は，地域課題を明確化し，住民にその課題についての学習を促し，彼らがその学習成果を生かして主体的に地域課題の解決に取り組むのを支援することである。そのために，まず地域課題を，様々な方法を通して分析し，把握する必要がある。

　そうして明らかになった地域課題は，多くの部局にとっての課題でもある。それゆえ，地域課題を事業化する際には，首長部局はもとより，NPOや関係団体等との連携・協働の視点が不可欠であり，地域に存在する学習資源（学習機会，学習施設，学習人材，学習団体・グループ等）についても丹念に調査し，それらをどう活用すれば効果的な事業が可能になるのかを検討することが重要である。

(3) 地域課題を踏まえた学習課題の設定

　地域課題を踏まえた学習課題は，それぞれの地域の実情に照らしあわせて課題を設定する視点と，総合計画における課題を学習課題として設定する視点の両面から，課題を設定し，事業化することが必要である。

　地域課題に関する学習は，課題解決のための学びであり，学んだ成果が，その課題解決に生かされることが重要である。そのため，以下のことを踏まえた事業計画を立てることが考えられる。

・学習を「関心の喚起→課題解決のための知識の獲得」を通じて「具体的な行動」を促すという一連の流れの中に位置付けることで，行動する「人づくり」を目指す。
・知識を行動に結びつけるため，討議や交流の機会を含めることで，ともに活動をする仲間づくりを進める。
・「単発の学習機会」だけでなく，学習を体系的，継続的に深めていける学習機会を提供することが望ましい。

　また，前述した「学びを通じた地域づくりの推進に関する調査研究協力者会議」からの報告（平成29［2017］年3月）では，「地域課題解決学習」を進めていく際に

留意すべきこととして，次の5点を挙げている。

- ・「住民の自主性・自発性の尊重」：地域課題解決学習は住民の主体的参画を前提するものである。
- ・「住民の主体的参画を促進する楽しい仕掛けづくりの必要性」：地域課題解決学習を広げ，継続していくためには，「楽しさなくして参加なし」の視点を踏まえた，仕掛けづくりが必要である。
- ・「子供・若者の参画と多世代交流の重要性」：子供や若者が地域課題解決学習を通じて，地域の課題やその解決方法について学んだり，多世代の交流を通して，地域の歴史や文化，産業などについて理解を深め，地域への愛着や誇りを育てるなど子供や若者の成長につながることが期待される。
- ・「教育の特性への配慮」：地域課題解決学習についても，行政においては，政治的中立性，継続性・安定性の確保，住民の意向の反映への配慮が求められる。
- ・「社会教育行政のネットワーク化と社会教育の資源を活用した能動的対応の必要性」：様々な地域課題の解決に取り組むためには，首長部局はもとより，NPOなど知見や経験を有する関係団体との連携・協働が不可欠であるとともに，社会教育の資源を活用した能動的な対応が期待される。

●参考：滋賀県「淡海生涯カレッジ」

　学習の体系性や，学習と実践活動とのリンクに着目した学習システムの一つに，滋賀県と滋賀大学が共同で開発した「淡海（おうみ）生涯カレッジ」がある。このカレッジは，平成8（1996）年に開校して以来，20年にわたって環境学習を中心とした学習機会を提供してきた。

　カレッジでは，環境についての問題意識を高めることを目的とする「問題発見講座」，体験的に環境問題に迫る「実験・実習講座」，そして理論的に環境問題を深める「理論学習講座」を，それぞれ公民館，高校，大学が開設することで，環境問題についての体系的な学びを提供してきた。

　また，学びを継続し，そして生かす際に大きな力になったのは，共に学ぶ「仲間」の存在であった。プログラムでは，「問題発見講座」，「実験・実習講座」，「理論学習講座」の全てを通して，仲間づくりのための工夫がなされている。例えば，「理論学習講座」では大学教員による講義とともに，グループ学習を実施している。これは，グループでテーマを自由に設定して研究を進め，講座の最終回にその研究成果を発表するというものである。学習者一人一人が環境問題に主体的に取り組む力を身に付けさせると同時に，学習者同士のコミュニケーションを促進させ，学習終了後も共に活動する仲間をつくる

のが，このグループ学習の目的であった。
　プログラムの修了者を対象とした，学習成果の活用調査の結果からは，約７割の修了者が，何らかの形で地域活動をしていることが明らかになっている。特筆すべきは，カレッジの仲間とともに新たなグループをつくり活動する人が多く見られたことである。このことは，体系的に学び続けてきた自信とともに，学びの間に深めてきた仲間との交流・絆が，学習者が学習の成果を様々な形で生かす原動力になっていることを示している。

● 参考：広島県大竹市立玖波公民館「学びのカフェ」

　広島県大竹市玖波公民館では，住民自身が地域の課題を見つけ，解決することを支援するために，平成23（2011）年から，「学びのカフェ」を開始した。その取組が，その後徐々に発展し，やがて「まちカフェ」という地域の活性化イベントへとつながっていった。
　いきなり地域課題解決のための学習機会を提供しても，地域に関心のない住民は公民館にやってこない。そこで，玖波公民館では，まず，公民館に気軽に集い，横のつながりをつくるための取組から始めた。それが「学びのカフェ」であり，具体的には，月1回の交流講座を企画・実施したのである。交流講座では，講座の合間にカフェタイムを設けることで居心地がよく自由に語り合える空間を演出する等，様々な工夫を凝らした結果，参加者が増え，住民同士のつながりが生まれた。
　その後，「学びのカフェ」は，平成25（2013）年に「地域ジン學びのカフェ」と名前を変え，「学びのカフェ」のリーダー的存在の人たちを中心に，地域課題にアプローチする講座を開始した。講座では，グループワーク等を通じて，例えば「空き古民家を活用して何かできないか」「まちの歴史を見直そう」といった意見が出され，自分たちが考え出した課題解決に向かって，まちづくりのアイデアを実現していったのである。
　やがて活動は，公民館にとどまらず地域全体へと広がり，「地域ジンまちカフェプロジェクト」へとつながっていった。プロジェクトでは，食べ歩きガイドマップ「見知らんガイドマップ」の作成，家に眠っている古写真を公民館に持ち寄って展示した「ふるさとお宝写真館」，地元の人による「ふるさとリレー講座」，古民家を利用しての蓄音機コンサート等，まちづくりのアイデアを実現していった。
　これは，地域課題を解決するために，まずは多くの住民が集い，自由に交流できる雰囲気づくりを通して住民同士の絆づくりを進め，そのつながりをベースに，地域のことを知る事業を展開することで，住民の力を引き出し，自らの地域をよりよくしていく活動へとつなげていった好事例である。

2　地域課題を把握する方法

(1) 既存の資料，統計情報の活用

　地域課題を発見するには，何よりもまず，地域について知ることが重要となる。そのためには例えば，市町村が出している様々な統計資料を使って，年齢別人口や家族構成等を調べることで「地域の特性」を明らかにしたり，地域の学習機関の事業内容・参加者数や市民の自主的な学習・活動状況等を重ね合わせることにより「地域住民の生活関心」を明らかにしたりする等，地域に対して「分析的な視点」を持つことが重要である。

(2) 広聴等の活用

　「広聴」には，以下のような方法がある。

ア　アンケートの活用

　地域課題を把握するために，社会教育の場でよく行われているのが「アンケート調査」である。調査の内容や分析には，それを実施する人の姿勢が大きく影響する。それゆえ調査票を作成する際には，行政担当者，生涯学習の専門家，地域の住民代表等，多様な立場の人が関わり，「観察者（客観的で公平な立場）」，「実践者（実践の中で抱いている問題意識）」，「学習者（学習者としての目）」の視点が保持されていることが望ましい（図1参照）。

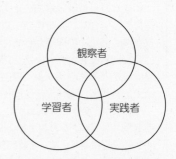

図1　アンケート調査における
複眼的視点

　また地域課題に対するニーズは，「個人の要望」のように人々の意識に顕在化していない場合も多く，アンケート調査では把握しづらいといわれる。それゆえ例えば，地域の諸課題の解決に取り組んでいる地域のリーダー層を対象とした調査や，将来的な課題や方向性などを探る場合に用いられるデルファイ法（同一の人物に同一の質問を，前回の調査の結果を提示しつつ繰り返す方法）を用いて専門家を対象に行う調査等，把握するための工夫が必要である。

イ　パブリック・コメント

　パブリック・コメントは，施策案等を地方公共団体がインターネット等を通じて公表し，広く住民からの意見を求める制度である。その大きな特徴としては，1)

意見提出者の範囲が広いこと，２）対象となる手続の対象が広いこと，３）行政機関に比較的広範な情報提供の努力義務を課していること，４）行政機関は提出された意見を必ず考慮して意思決定を行わなければならないこと，５）提出された意見で取り入れていないものについてはその理由を整理し公表することになっていること（常岡孝好，2006年，pp. 205-206）の５点が挙げられる。地方公共団体はこれにより，多様な住民からの意見や要望を把握することが可能となる。

ウ　各種協議会等の活用

　社会教育委員の会議，公民館運営審議会，まちづくり協議会等，地域のメンバーと地方公共団体の職員が共に地域の課題やその解決に向けて話し合う場を積極的に設けることで，地方公共団体の職員はアンケート等では得られない様々な情報を得ることができる。

　また，ワークショップも，住民との直接のコミュニケーションを通して，住民の生の声を聞くことができる貴重な機会である。ワークショップは，所定の課題について，様々な立場の人々が集まって，自由に意見を出し合いながら，意見や提案をまとめ上げていく場であり，その過程で出てくる参加者からの意見は，課題解決に向けてのヒントを与えてくれる。

エ　ICTの活用

　ICT（Information and Communication Technology）を活用した広聴としては，例えばホームページ，Eメールでの意見受付，電子会議室，地域SNS等がある。これらの手段は，１）24時間365日好きな場所から誰でも利用できる，２）情報量の制約がない，３）過去に遡って検索などもできる，４）頻繁に更新し常に最新情報を提供できる，５）議論が継続的である等の長所がある。残念ながら現在，活発に活用されている事例は少ない。しかし，我々を取り巻くICT環境は急速に進展し，市民生活にも深く浸透してきており，今後，ICTを活用した，効果的な広聴の仕組みの考案が期待されている。

オ　学習相談

　学習相談は，学習者（学習グループを含む）や学習希望者の学習上の悩みや問題の解決を図る助言・援助活動である。相談は，１）電話やファクシミリ，２）直接の面談，３）手紙やはがきなどの郵送物による相談，４）インターネットやメールによる相談等，多様な方法で行われる。相談活動を通して，住民の学習関心や学習動向をはじめとする学習者のニーズを把握することができる。

カ　出前講座

　地域住民の要請に応じて，地方公共団体が提供するメニューから学習したい内容を選択し，行政職員等が講師となって出講する生涯学習の機会である。例えば，滋賀県大津市では「熱心まちづくり出前講座」を実施している。この事業では87テーマの講座が設けられ，10人以上の市民が集まる場所に職員が出向き，テーマに沿った学習機会を提供している。このような学習機会は，市民の意見を職員が直に聞く場としても有効である。

（神部　純一）

Ⅱ　学習課題把握のための調査法とその活用

1　社会教育調査の意義と方法

(1) 統計調査とは

　統計は，行政などにおいて合理的な意思決定を行う際に必要不可欠な情報である。国の行政機関や地方公共団体が作成する統計は公的統計と呼ばれ，統計法（平成19年法律第53号）によって特に重要な統計は基幹統計に指定されている。基幹統計は現在53統計が指定されており，社会教育統計もその一つである。

　統計を作成するため，個人や法人，その他の団体に対して報告を求める調査が統計調査である。国の行政機関が行う統計調査は，統計法では基幹統計を作成するための基幹統計調査と，それ以外の統計を作成するための一般統計調査とに分けられる。基幹統計調査は，特に重要な基幹統計を作成するための統計調査であるため，例えば調査に対して報告を拒否することを禁止したり，これに違反した者に対しては罰金が定められたりしている。文部科学省が実施する基幹統計調査の一つとして「社会教育調査」がある。

　本ハンドブックでいう社会教育調査とは，基幹統計調査である社会教育調査に限るものではない。社会教育施設などが独自に実施する調査も含め，社会教育に関する様々な統計調査を広い意味での社会教育調査として扱うこととする。

(2) 社会教育調査の意義

　社会教育計画や生涯学習推進計画の立案や策定は，社会教育委員をはじめとして，社会教育行政に携わる者にとって最も重要な業務の一つである。そのような計画の立案・策定に当たっては，なるべく客観的な資料を根拠とすべきであり，社会教育調査はそれら根拠資料を得るための有力な方法の一つである。特に平成29（2017）年5月に公表された統計改革推進会議最終取りまとめでは，政策の有用性を評価した根拠資料を用いて新たな政策を立案していくというEBPMの推進の重要性と，そのための各種統計データの利活用の必要性が言われている。

　具体的には，社会教育調査は以下のような資料を得るために実施・利用される。
　　・社会教育に関する実態：人々がどのような学習活動を行っているのか，社会教育
　　　　施設ではどのような事業プログラムが提供されているのか，といった社会教

　育の現状に関する資料

・個人の学習要求：人々がどのような学習を望んでいるのか，また必要性を感じて
　　いるのかといった個々人の学習ニーズに関する資料

・地域社会の課題：社会の変化に伴って生じた現代的・地域的な課題など，個人の
　　学習要求は低くとも，これからの地域社会において必要となってくる学習課
　　題に関する資料

(3) 社会教育調査の流れ

　社会教育調査は，図1に示す大きく五つの段階を経て実施される。五つの段階のう
ち，調査票の作成と結果の分析については項を改めて詳述するため，以下では他の段
階について解説する。

図1　社会教育調査の流れ

ア　調査計画の立案

　調査計画の立案段階では，以下の内容を調査計画書としてまとめる。

・調査の目的：なぜ調査を行うのか，調査によって何を明らかにしたいのか

・調査の内容：どのような調査項目を用いるのか

・母集団：調査対象は誰か・何か，その大きさは

・標本サイズ：標本の大きさは

・標本抽出方法：標本をどのように選ぶのか

・調査実施時期：いつ調査を行うか

・調査実施方法：どのような方法で調査対象から回答を得るのか

・調査実施者：実査を担当するのは誰か

・結果の公表：結果を公表するのか，どのような形で公表するのか

・経費：どの程度の金額をどの費目から支出するのか

　これらの項目のほとんどは，調査報告書においても必要となる項目である。また
調査計画の立案に当たっては，必ずしも明確ではなくとも何らかの仮説を設け，そ

の真偽を検証できるように調査内容の検討を進めるのがよい。結果の示し方や分析方法，報告書の構成もあらかじめイメージしながら内容を検討することが重要である。

イ　対象の抽出

（ア）全数調査と標本調査

　調査対象全てを網羅した集団を母集団という。社会教育調査で知りたいのは，母集団における平均値や割合などの母集団情報である。母集団情報を得る方法には，全数調査（悉皆調査）と標本調査（抽出調査）の二つがある。

　全数調査は，母集団全体を調べることで母集団情報を得る方法である。母集団が非常に大きいときには，調査のコストも膨大となる。そのため全数調査は，母集団が小さいときや，特に正確な情報が必要なときに限って用いられる。

　標本調査は母集団の一部を標本として取り出し，標本についてのみ調査を行う方法である。母集団が大きいときには，一般に標本調査が用いられる。標本の調査結果を基に母集団情報を推測することを推定という。

（イ）標本抽出と標本誤差，標本の大きさ

　標本を抽出するときに用いられる，母集団における抽出単位のリストを抽出枠という。講座の参加者が母集団であれば参加者名簿が抽出枠であり，地域住民が母集団であれば住民基本台帳が抽出枠として用いられる。

　抽出枠から標本を抽出する方法には，大きく確率抽出法（無作為抽出法と呼ばれることもある）と非確率抽出法とがある。確率抽出法は確率を用いて標本を選び出す方法である。母集団について推定するための統計的な理論が確立されているため，信頼性が求められる調査では一般に用いられる。特に，全ての調査対象が等確率で抽出された標本は母集団の縮図となっているため，標本の平均値や割合がそのまま母集団の平均値や割合の推定値となる。このような標本を自己加重標本という。

　標本調査では，自己加重標本であっても抽出される調査対象によって推定値は異なる。このような標本抽出に伴って生じる誤差を標本誤差という。標本誤差以外の，例えば記入ミス等によって生じる誤差を非標本誤差という。

　一般に，標本の大きさ（抽出する調査対象の数）が大きいほど標本誤差は小さくなる。標本調査において必要な標本の大きさ（抽出する調査対象の数）は，標本抽出の方法や，標本誤差をどの程度に抑えたいかによって決まる。詳細は他書を参照のこと。

（ウ）様々な確率抽出法

　次頁の図2は，いくつかの代表的な確率抽出法を模式的に示したものである。小

さな丸はそれぞれ調査対象を表し，グレーの丸は標本として抽出された調査対象を表す。

　単純無作為抽出法は最も基本的な抽出法である。一様乱数を発生させ，その番号の調査対象を標本とする方法である。基本的な抽出法であるが，標本をより確実に母集団の縮図に近づけるため，現実には次の系統抽出法を用いることが多い。

　系統抽出法（等間隔抽出法）も基本的な抽出法である。最初の調査対象を乱数で選んだら，その後は抽出枠内の順番に沿って，あらかじめ決めた抽出間隔おきに調査対象を選び出す方法である。抽出間隔を広くとることで，母集団全体からまんべんなく標本を抽出できる。ただし抽出間隔は，抽出枠にある何らかの周期と一致しないよう注意して定める必要がある。

　層化抽出法（層別抽出法）は，母集団をあらかじめいくつかのグループ（層という）に分割し，各層において標本抽出を行う方法である。例えば都道府県を層とし，どの都道府県からも標本を抽出する方法である。調査対象の属性によって層化することで，様々な属性の調査対象が標本に含まれることになる。層化しないときよりも標本誤差が抑えられるため，一般によく用いられる方法である。

　集落抽出法は，母集団をあらかじめいくつかのグループ（集落という）に分割し，グループを抽出の単位として標本を選び出す方法である。例えば児童・生徒を調査対象とするとき，いくつかの学校を抽出し，選ばれた学校に在籍する児童・生徒を標本とする方法である。標本誤差が大きい抽出方法であり，標本誤差を抑えるには一つの集落を小さくし，より多くの集落を抽出するのがよい。

　二段抽出法は，集落抽出法において選び出した集落の中で，それぞれさらに調査対象を抽出する方法である。例えばまず市町村をいくつか選び出し，次に選ばれた市町村内で世帯を選び出す方法である。各世帯の中でさらに世帯員を選び出せば，三段抽出法となる。母集団が日本全国の場合など，非常に大きいときに用いられる。

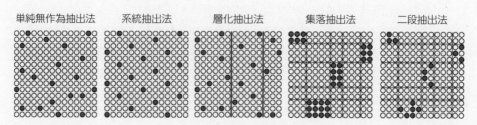

図2　様々な確率抽出法

ウ　調査の実施

調査の実施方法（調査モードという）には大きく調査員調査法と自記式調査法とがある。

調査員調査法は，調査員が調査対象の回答を記入あるいは入力する調査モードである。調査員が調査対象と面接する面接調査法や，電話をかける電話調査法などが代表的な方法である。

自記式調査法は，調査対象が自ら調査票に回答を記入，あるいは電子的に入力する調査モードであり，近年では一般的な方法である。調査員が調査票を渡して記入を依頼し，後日回収する留置（とめおき）調査法や，郵便で調査票を送付・回収する郵送調査法，インターネット上で調査票の配付・回収を行ったり回答を入力してもらったりするインターネット調査法などが代表的な方法である。調査員が介在しないため低コストで，より率直な回答が得られるという利点はあるが，記入ミス等の確認や修正は難しい。

いずれの調査モードであっても，調査対象から信頼を得られるよう調査を実施することが重要である。そのためには調査の実施前に協力依頼を行う，謝礼を渡すのであれば事後ではなく事前に渡す，調査対象からの問合せ先を用意するといったことが必要である。また，調査期間は十分な長さを確保した上で，協力が得られない調査対象に対しては，無理のない範囲で督促を何度か行う。

エ　結果の報告

調査結果の報告に当たっては，調査結果はもちろんのこと，調査計画書の事項に加えて回収率や調査に用いた調査票といった調査実施時の情報も示す。調査結果の信頼性は，実際に調査がどのように実施されたのかということに依存するからである。

また，統計的な調査では個々の回答は秘匿し，統計的な結果数値のみを報告するのが原則である。どの調査対象が標本として選ばれたのかも秘匿する。

結果数値には標本誤差や非標本誤差が含まれる。小さな位の数字は誤差の範囲であり，有効桁数に注意して結果数値を示す。標本調査であれば標本誤差の大きさを評価し，示すのもよい。その具体的な方法は他書を参照のこと。

（4）調査票の具体的な作成方法

ア　調査項目の作成

（ア）自由記述型と回答選択肢型

調査対象に回答を求める方式としては，自由記述型（オープン質問）と回答選択

肢型（クローズド質問）とがある。

　自由記述型は，調査対象から数値・単語・文章などで回答を求める方式である。どのような回答があり得るのか前もって想定しにくいときに用いられるが，回答者の負担が重い，結果を統計的に処理しにくいといった難点がある。

　回答選択肢型は，いくつかの回答を選択肢として提示し，それらの選択肢を用いて回答してもらう方式である。自由記述型と比べると回答者の負担が軽い，結果を統計的に処理しやすいといった利点があるため，一般によく用いられる。一方で，必ずしも適切な選択肢が用意できるとは限らず，選択肢の内容・提示方法によっては適切な結果が得られないおそれもある。

　回答選択肢型として代表的な回答方式は以下のとおりである。
- ・択一選択法：該当する選択肢を一つ選ぶ
- ・複数選択法：該当する選択肢をいくつでも選ぶ
- ・複数（制限）選択法：該当する選択肢を決まった数（あるいは決まった数まで）選ぶ
- ・完全順位法：選択肢を何らかの基準に従い並び替える
- ・一部順位法：完全順位法において上位いくつかの選択肢のみを挙げる

（イ）調査項目作成の原則

　調査対象に負担をかけず，適切な回答を得るため，調査項目の作成に当たってはいくつか原則がある。
- ・誰にでも分かる平易な言葉を使う。専門用語を使うときには，分かりやすい説明を加えた上で用いる。
- ・質問文は簡潔に表現する。長い文章は読んでもらえないと考えた方がよい。
- ・頻度や量を尋ねるときには，「時々」や「少し」といった曖昧な表現を避け，「週に一回程度」など具体的な基準を示す。
- ・段階評定（「そう思う」「どちらかといえばそう思う」「どちらかといえばそう思わない」「そう思わない」など）を用いるときには，選択肢をバランスよく用意する。「どちらともいえない」といった中間の選択肢は，それを選ぶ調査対象が多いと予想されるときには，用意する方がよい。
- ・必要以上の精確さを回答者に求めない。数値を自由記述型で回答してもらうときには，どの程度の精確さを求めているのか分かるようにする。
- ・ある意見Aに対する賛否を調べるときには，他に考えられる意見Bや意見Cも同時に提示し，どの意見を支持するか尋ねる。意見Aだけを提示しその賛否を

尋ねると，回答者は意見Ｂや意見Ｃに思い至らず，意見Ａの賛成の割合が高くなる。

・二重質問（一つの調査項目で二つの内容を同時に尋ねる質問のこと。ダブルバーレル質問ともいう）を用いない。回答者はどの内容に基づいて回答すればよいのか迷ってしまうからである。

・行為や意見の理由について質問しない。明確な理由に基づいて行動したり，意見を持っている人は必ずしも多くはないからである。理由を尋ねることで回答者を心理的に追い詰め，事実と異なる回答をさせてしまうおそれもある。

（ウ）注意すべき回答傾向

　回答者は調査への回答時に以下のような傾向を示すことが知られている。調査項目の作成や調査結果の解釈に当たっては，これらの回答傾向に注意することが必要である。

　ａ　回答選択肢の順序効果

　　一般に，最初の方の回答選択肢ほど選ばれやすい傾向（初頭効果という）がある。逆に最後の方の回答選択肢ほど選ばれやすい傾向（新近効果という）もあると考えられている。

　ｂ　社会的望ましさの影響

　　社会的に望ましいと考えられる回答は，実態よりも多くなる傾向がある。実際には知らない事柄を知っていると回答するのも社会的望ましさの影響である。

　ｃ　黙従傾向

　　「はい」「賛成」「そう思う」「当てはまる」といった肯定や賛成の回答は多くなる傾向がある。

　ｄ　複数選択法における過少回答傾向

　　該当する選択肢をいくつでも選んでもらう複数選択法は，選択肢ごとに該当・非該当を回答してもらう方式と比べて，該当の割合が小さくなる傾向がある。

イ　調査票の編集

　作成した調査項目を調査票にまとめ，編集するときにもいくつか原則がある。

・調査票の導入部分には，回答しやすい調査項目や興味をもたせる調査項目を置く。調査の開始時点では回答者は回答に慣れておらず，また調査対象に当該調査への関心をもってもらうためである。

・重要な調査項目やデリケートな調査項目は，調査票の中ほどに置く。回答者が回答に慣れた頃に主要な項目に回答してもらうためである。ただし，調査項目

の順序効果（後述）を避けるため，重要な調査項目をあえて冒頭に置くこともある。

・フェイスシート（調査対象の属性のこと）は調査票の最後に置く。調査の最後で回答者が疲れていても負担にはなりにくいからである。

・関連のある調査項目はなるべくまとめる。調査内容の流れが分かりやすくなるからである。

・調査項目の順序効果（前の調査項目への回答が後の調査項目への回答に影響すること）に注意する。重要な調査項目の直前には，それに影響を与えそうな調査項目を置かないようにする。

・調査内容が当てはまらない調査対象には回答を求めない。まず調査内容が当てはまるか否かについて回答を求め（濾過質問という），当てはまらない調査対象には別の調査項目へ進んでもらう。ただし濾過質問を多用すると，それを利用して回答を避ける回答者が出てくることに注意する必要がある。

ウ　自記式調査票の作成

　自記式調査では，調査票のデザインやレイアウトも回答のしやすさに影響する重要な要因である。

・一行の長さは 8cmから12cm程度の長さにとどめる。横に長過ぎる文章を目で追うのは負担だからである。

・質問文には大きく濃いフォントを使い，回答選択肢には小さく薄いフォントを用いる。回答者は自らの回答を選ぶために選択肢は必ず読む必要があるが，質問文は必ずしも読むとは限らないからである。

・調査票のデザインや回答方法には一貫性を持たせる。例えば質問文と回答選択肢は異なるフォントでそれぞれ統一する。また回答選択型では，選択肢の番号にマルを付けてもらう，チェック欄にチェックを付けてもらう，番号を記入してもらうといった回答方法も統一する。

　作成した調査票は，本番の調査で用いる前に予備調査でテストするのがよい。分かりにくい表現やデザインはないか，作成者の意図と異なる解釈をされないか，無記入が多くならないかといった観点から調査票を点検する。身近な少数の人に意見を求めるのもよいし，本番の調査よりも規模を縮小して実際に調査を実施してみるのもよい。

2　調査データの分析と活用

(1) 様々な集計・分析の方法

ア　質的データと量的データ

　調査データには大きく質的データと量的データがある。質的データは分類や種類で表されるものである。回答選択肢型の調査項目で得られるデータの多くは質的データである。量的データは数量で表されるもので，足したり引いたりすることに意味があるデータである。

イ　データのまとめ方

　質的データは，一般に調査項目ごとに頻度や割合を単純集計表の形にまとめる。また二つの調査項目を組み合わせ，クロス集計表（二次元表ともいう）にすると，結果数値をグループ間で比較し，各グループの特徴を明らかにすることができる。三つの調査項目を組み合わせて三次元クロス集計表を作成することもあるが，データ全体の件数が少ないときには各グループのデータ件数も少なくなるため，注意が必要である。

　量的データは，平均値や中央値（数値の大きさの順に調査対象を並べたとき，ちょうど中央に位置する調査対象の数値），標準偏差（調査対象の中での数値のばらつきの程度を表す指標）といった統計量としてまとめることが多い。

　質的・量的データのいずれであっても，結果を求めたデータの件数も示すことが必要である。一般にデータの件数が多くなるほど，標本誤差は小さくなるからである。

　複数の結果数値の間に見られた差が誤差の範囲か否かを統計的に判断するには，統計的仮説検定を行う。仮説検定の結果，差が有意であるとされた場合は，その差

表1　単純集計表とクロス集計表

単純集計表

	全体
週に一度くらい	4％
月に一度くらい	10％
三ヶ月に一度くらい	11％
一年に一度くらい	13％
利用したことはない	62％
回答者数	1,264人

クロス集計表

	男性	女性
週に一度くらい	4％	4％
月に一度くらい	7％	12％
三ヶ月に一度くらい	9％	12％
一年に一度くらい	14％	12％
利用したことはない	65％	59％
回答者数	608人	656人

が統計的に誤差の範囲内とはみなせない，つまり統計的には差があるということを意味する。その差が実質的・実用的に意味があるか否かは分析者の判断に委ねられる。逆に仮説検定の結果，差が有意ではないとされた場合は，差があるという統計的な証拠は得られなかったということを意味する。差がないということを証明するのは理屈として困難であり，差がないという結果を見出したわけではない点に注意する。

ウ　様々なグラフ

　調査結果はできるだけグラフ化するのがよい。単なる数値よりも調査結果の傾向が見えやすくなり，また分析結果の考察と合わせて示すと説得力が増すためである。下図には代表的なグラフをいくつか示した。

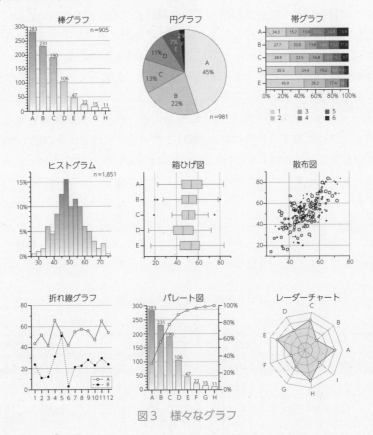

図3　様々なグラフ

　棒グラフは質的データにおける頻度を示すもので，場合によっては頻度の降順に並べると傾向がより明確になる。円グラフは質的データの割合を示すものである。複数の割合を比較するときには円グラフよりも帯グラフが適している。

　ヒストグラムは量的データの分布を示すものである。複数の量的データの分布を比較するときには箱ひげ図を用いるとよい。二つの量的データの間の関係を見るには散布図が用いられる。直線的な関係の強さは，-1 と 1 の間の値をとる相関係数という指標で表され，絶対値が 1 に近いほど二つの量的データの間には直線的な関係があることを意味する。

　数値の時系列的な変化を示すには折れ線グラフが用いられる。降順に並べた棒グラフに累積相対度数の折れ線グラフを重ね合わせたグラフがパレート図である。各項目の頻度と全体に占める累積の割合を同時に見ることができる。レーダーチャートは項目を正多角形状に並べた折れ線グラフである。必ずしも項目の間に順序性はなく，むしろ項目間のバランスを見るために用いられる。

(2) 調査データの活用

　社会教育調査の結果は，社会教育に関する実態や現状について，関係者の間で共通認識を得るために活用される。調査結果を様々な観点から分析することで，新たな政策のヒントや方向性を見出すこともできるであろう。

　EBPMを推進するためなど，施策によって期待する成果が得られたのか統計調査で明らかにしたい場合もあるかもしれない。しかし統計調査で明らかになるのは，多くの場合そのような因果関係ではなく，相関関係である。因果関係とは，ある要因が原因となり，その結果として事象が生じたという関係のことを言い，相関関係とは，ある事象が生じたときに，別の事象も生じたという関係のことを言う。因果関係を示すには無作為化比較対照実験（RCT：Randomized Controlled Trial）などを用いる必要があり，一回だけの統計調査で因果関係を示すのは難しい。少なくとも複数回にわたる継続調査や，同一の調査対象に対し調査を繰り返すパネル調査が必要である。

　調査結果のデータは，他の部局での再利用や将来の再分析といった二次利用に備え，整備・保存しておくことが望ましい。統計調査データをデータベース化するための規格としては，DDIやSDMXなどがある。

(3) データ分析ソフトウェアの活用

　基礎的なデータ分析のためには，Excel[1] などの表計算ソフトウェアが用いられる。

データの入力や整理のために用いることも多い。一般に各行を各調査対象のデータとし，各列を各調査項目とする。

　高度な統計分析を行うにはSPSS[2]やStata[3]，Rといった統計ソフトウェアが用いられる。図4の右はRの統合開発環境であるRstudio[4]の例である。高機能で様々な統計分析が可能である反面，正しく使うためには統計学の知識に加え，プログラミングの技術も必要となる。

Excel　　　　　　　　　Rstudio

図4　ExcelとRstudio

　近年，特に企業の経営分析等で用いられているのが，Tableau[5]やQlik[6]，PowerBI[7]といったビジネスインテリジェンスツール（BIツール）である。複数のデータをつなぎ合わせ，様々な観点からデータを容易に可視化・分析することができる。日本語の解説書も出版され始めており，今後，社会教育調査の分野でも普及していくと考えられる。

---

[1] ExcelはMicrosoft Corporationの登録商標または商標である。
[2] SPSSはInternational Business Machines Corporationの登録商標または商標である。
[3] StataはStataCorp LLCの登録商標または商標である。
[4] RstudioはRstudio, Inc.の登録商標または商標である。
[5] TableauはTableau Software, Inc.の登録商標または商標である。
[6] QlikはQlikTech International ABの登録商標または商標である。
[7] PowerBIはMicrosoft Corporationの登録商標または商標である。

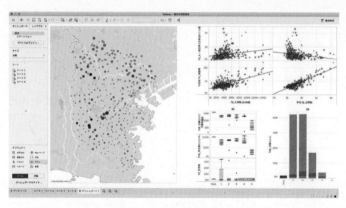

図 5　Tableau

（土屋　隆裕）

3　その他の調査

(1) 行政における主な調査

ア　社会変化の趨勢<ruby>趨勢<rt>すうせい</rt></ruby>，動向を把握するための社会人口統計

　地域の課題を分析し，学習課題を明らかにするためには，社会全体のマクロで長期的な変化の趨勢や動向を把握するとともに，他地域との比較によって自分の地域の特色を把握することが重要になる。人口動態（年齢構成，平均余命，教育程度，職業，所得，家族構成等），産業構造，地域構造（土地利用，人口密度，居住形態，昼夜間人口，人口移動，気候，自然，災害等）等の基本情報は，政府統計によって把握することができる。現在，政府統計は全て，総務省統計局の統計ポータルサイトe-Statで公表されている[1]。e-Statでは，公的統計の根幹をなす基幹統計の全てが公表されており，表形式のデータファイルをダウンロードすることができる。

　この中には，日本の人口や世帯の実態を明らかにする上で最も基本的な統計調査である国勢調査をはじめ，日本経済の全体像を記録することを目的にした国民経済計算（GDP統計），男女別・雇用形態別・産業別の有業者数などの把握を目的にした就業構造基本調査，生活時間の配分や余暇時間の活動状況など，国民の社会生活に関する実態の把握を目的とした社会生活基本調査，全国の教育委員会及び公民館・図書館・博物館・青少年教育施設・女性教育施設・体育施設・劇場・音楽堂・生涯学習センターを対象に，職員，施設・設備，事業実施に関する事項，施設の利用状況，及びボランティア活動の実態を把握することを目的とした社会教育統計等が含まれている。

　日本社会全体の変化の趨勢や動向については，白書や調査報告書の形でまとめられているので，これらを参照することは重要ではあるが，各地域独自の政策課題や視点に立って趨勢や動向を捉え直すことも重要である。ライフスタイルの変化を例にしてみると，世帯あたり人数，一人暮らしの高齢者の数，年齢階級別の未婚率，年齢別就業率，男女別就業率など様々な視点から捉えることができる。家族の変化や働き方の変化は，焦点の当て方で様々に捉えることができる。地域の特徴を浮き彫りにするためには，独自の視点に立ったデータの集計が必要になる。公表されているデータには制限があるので，狙いに沿った集計が常にできるわけではない。し

---

[1] e-Statのウェブサイトはhttps://www.e-stat.go.jp/（2020年1月現在）。なお，内容は，頻繁に更新されているので注意が必要である。

かし，e-Stat が充実し，政府統計のデータファイルが容易に利用できるように
なったため，各地域独自の視点に立った集計の余地は広がっている。特に，県別，
市町村別データが利用できる統計は，地域の特徴を把握する上で有用である。

イ　地域の特色を把握するための分析ツール

　自地域の特徴を把握する上で有用なツールが，総務省統計局のウェブサイトで提
供されている。統計ダッシュボードである[2]。統計ダッシュボードでは，比較した
い地域が都道府県別，市町村別のどちらかで選択でき，比較したい統計項目を複数
指定すると，結果がレーダーチャートもしくはランキングの形で表示される。こう
いったツールを利用することによって，各地域の特徴を探索的に把握することは有
用である。

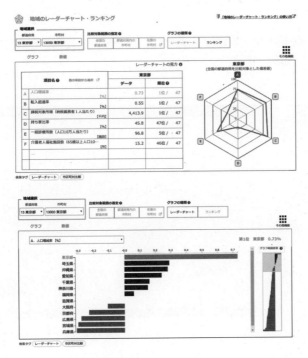

(出典：統計ダッシュボード　https://dashboard.e-stat.go.jp/)

---

[2]　統計ダッシュボードのウェブサイトはhttps://dashboard.e-stat.go.jp/　（2020年1月現在）。なお，内容
は，頻繁に更新されているので注意が必要である。

　また，地域内のニーズをよりきめ細かく分析するために，地理的情報システム（GIS：Geographic Information System）と統計情報を結びつけるツールも総務省統計局のウェブサイトで提供されている。地図で見る統計jSTAT MAPである[3]。

　jSTAT MAPは，e-Statでアクセス可能なデータを，地理的情報にリンクすることによって，最小単位は250mメッシュから，500mメッシュ，1kmメッシュ，町丁目単位，市町村単位，都道府県単位と7レベルの地域単位で集計でき，結果を地図上に表示することができる。下記の図は，東京都の15歳未満総数と75歳以上総数をクロス集計して市町村別に集計したものである。現在のところ，地理的情報とリンクしているのは，国勢調査，人口動態調査，学校基本調査など14調査となっている。このツールを使用することで，地域内居住者の特徴や居住環境を把握し，地域特性に応じたきめの細かいサービスやプログラムの提供が可能になる。

・東京都の15歳未満総数と75歳以上総数をクロス集計して表示する

（出典：政府統計の総合窓口（e-Stat）（https://www.e-stat.go.jp/help/view-on/map/about_gis）

---

[3] jSTAT MAPのウェブサイトはhttps://www.e-stat.go.jp/help/view-on/map/about_gis（2020年1月現在）。なお，内容は，頻繁に更新されているので注意が必要である。

ウ　社会の変化の背景にある価値観，世論を把握するための調査

　社会変化の趨勢や動向を捉える上では，社会・人口統計に加えて，世論調査と意識調査も重要である。代表的な調査としては，内閣府が昭和23（1948）年から毎年継続して行っている国民生活に関する世論調査，昭和44（1969）年から毎年行っている社会意識に関する調査がある。どちらも，時代に応じて設問の内容が変化しており，全調査期間を通して共通の設問項目による比較はできないものの，概ね前者では生活に対する満足度と生活において重視する活動の領域を，後者では社会貢献や市民道徳に関する設問が用いられており，市民教育を考える上での基礎情報になる。また，より個別社会問題に焦点を当てた意識調査は，総理府をはじめ各関連省庁で実施されている。例えば，環境問題について見てみると，総理府が環境問題に関する世論調査を実施していることに加えて，環境省は独自の環境関連の世論調査を複数行っている。現在はウェブサイト上で，政府やシンクタンクの実施した課題別調査の結果は公表されるようになっているので，テーマが絞られれば，関連する調査を検索し，情報を入手することは容易になってきている。ウェブサイトで公開されていない場合でも，公的目的であれば情報提供受けることが可能な場合もあるので，調査実施機関へ問い合わせるとよい。

　同一項目の設問を使って，長期間にわたって価値観や社会意識の変化を捉えることを目的に行われている調査もある。NHKでは，昭和48（1973）年以来5年ごとに，日本人の意識調査を実施している。統計数理研究所では，昭和28（1953）年から5年毎に日本人の国民性調査を実施している。設問項目や分析の観点は両者で異なるものの，日本人の家族観，ジェンダー意識，宗教観，市民意識がどのように変容したか報告がなされている。平成23（2011）年の東日本大震災以後に，国民意識がどのように変化したかといった分析も行われている。

　また，同一設問を用いて価値観や世界観がどのように変化しているのかを国別に比較する調査も行われている。世界価値観調査である。同調査は，昭和56（1981）年以来5年おきに実施されており，現在調査対象国となっているのは100か国にのぼる。近代化に伴って，価値観がどのように変容してきたのか報告がなされている。

エ　より緻密な分析へ向けて

　政府統計及び各種世論調査は，趨勢や動向を捉える上では有用な情報となるものの，公表されているデータから趨勢や動向の背景にある原因を特定することは，厳密には難しいという問題がある。社会的な意識や行動の変化は，時代による効果，年齢による効果，所属する世代（コホート）等によって生じると考えられている。

　社会的な意識や行動の変化の原因は，これら以外にも多数あるものと考えられる。こういった効果は，重なり合って統計データに現れるため，集計値の変化を見ただけでは，何を原因として変化が生じたかを特定することは，厳密にはできない。原因が特定できない変化の予測は，信頼性に問題がある。こういった問題は，集計されたデータではなく，個票データを用いることである程度回避することができる。

　従来は，個票レベルのデータを公表することは，プライバシー保護とデータの目的外使用禁止の規定のために認められてこなかった。しかし，総務省は個票レベルのミクロデータの活用を認め，匿名化されたデータの利用，依頼に基づいて独自の集計を行うオーダメード集計，入退室管理やデータ管理などにおいて高い情報セキュリティを確保したオンサイト施設での調査票情報の利用を認めるオンサイト利用サービスを開始した。現在の制度で利用が認められるのは，1）学術研究の発展に資すると認められる統計の作成等（学術研究目的），2）教育の発展に資すると認められる統計の作成等（教育目的），3）国際社会における我が国の利益の増進及び国際経済社会の健全な発展に資すると認められる統計の作成等（国際比較統計利活用事業目的），4）官民データ活用推進基本法において，我が国の集中的に対応すべき諸課題に対しデータの利活用を推進することで解決が期待できる重点分野として指定されている八つの分野のいずれかに係る統計の作成等（官民データ統計利活用事業目的）のいずれかに限定されている。社会教育に携わる実務担当者が単独でこの制度を利用することは，ハードルが高いかもしれないが，データの利活用を推進することで解決が期待できる重点分野の中には，健康・医療・介護，観光，インフラ・防災・減災等の分野も含まれており，官民共同による地域課題解決を指向した社会教育の取組に結びつけていくことも可能ではないだろうか。

(2) 調査の新しい方向性
ア　ビッグデータの活用

　生活や仕事のあらゆる側面で，情報通信技術への依存度が高まっている。日々の行動や業務の様々な側面がデジタル化されている。クレジットカードの使用，インターネットでの検索，SNSの利用，さらにはインターネット上に限らず何らかの施設やサービスを利用すれば，我々の行動はリアルタイムでデジタル化され記録される。様々な申請や登録，売上，在庫のデータなど，業務上の情報も，官民を問わず日々デジタル化されている。さらに，自動車や監視カメラなど，我々が使用する機器や機械にはセンサーが組み込まれ，センサーで補足された位置情報，画像情報

などの観測データの利用も急速に増大している。リアルタイムで生み出される膨大なデータは，その蓄積コストが急速に低減したために，需要予測の精度向上や消費者行動の分析などに活用されるようになってきている。ビッグデータという用語の定義は必ずしも定まってはいないものの，このように，多様な活動に伴って，日々生み出され，蓄積されている大規模なデジタル化されたデータのことを指している[4]。

　ビッグデータは，個人レベルのミクロな行動情報をリアルタイムに蓄積した，大規模な時系列データであることに特徴がある。個人レベルの行動履歴情報からは，消費の好みや購買行動を，より高い精度でしかも個人ごとに予測することが可能になる。新規の販売戦略導入前後の行動変化を比較することでその有効性をチェックすることもできる。また，リアルタイムに情報が利用できるために，鮮度の高いトレンド予測が可能になる。こういった利点に着目したビッグデータの利用は，民間企業が先行して取り組んできたものではあるが，公的な課題解決への利用も進んできている。防犯カメラのデータと犯罪記録を結びつけ，犯罪発生予測を行い，犯罪発生可能性の高い地区へ警察官を派遣し犯罪予防を行う取組が，シカゴとマンチェスターで実施されており，その犯罪抑止効果が報告されている[5]。検索エンジンで検索された語とインフルエンザの発生率データを関連付け，検索語からインフルエンザの発生予測を行う試みもなされている[6]。日本でも，ビッグデータの利用に向けた制度が急速に整いつつある。次世代医療基盤法が平成30（2018）年5月に施行され，患者の同意があれば，個人のカルテや検査データを匿名化して活用できるようになった。経済産業省は，リアルタイムに計測される家計レベルでの電力使用データを，「情報銀行」を介することによって，企業や地方公共団体が活用できるように法律改正を進めている。同データからは，地域の時間や曜日ごとの居住状況等が推測できるため，地方公共団体の災害対策やきめの細かい公共サービスの提供に役立つものと期待されている。市町村レベルでは，市民の5年間にわたる要介護度や通院状況などの個人情報を匿名化し，民間企業に有料で提供する取組を始めた

---

[4] ビッグデータの定義は必ずしも定まってはいないが，本節の定義は，M. J. サルガニック著／瀧川裕貴他訳『ビット・バイ・ビット』有斐閣，2018年，pp. 13-17を参考にしている。
[5] シカゴにおける犯罪予防に対するビッグデータとAIの活用事例は，Forbes2018年4月1日「AIを活用した犯罪予測・治安対策最前線」参照。マンチェスターの事例は，IBMの事例レポート「Manchester Police Department」(http://www.ibm.com/downloads/cas/YXWKVG94) 参照。
[6] この事例については，M. J. サルガニック（前掲書pp. 48-51）を参照。

ところもある[7]。介護ビジネスの発展と同時に，データ分析結果を介護サービスの充実や政策立案に活用することが期待されている。地域課題解決に向けたビッグデータの活用は，まだ発展登場ではあるが，社会教育の現場においても，職員だけではなく，地域住民自らが自地域に埋もれているデータを発掘し，課題解決に活用する，そういった力量を養成することの重要性は増している。

　ただし，ビッグデータは，標準的な社会調査とは異なり，以下の問題点があると指摘されている[8]。特定の調査目的に基づいて調査項目が設計されているわけではない。そのため，分析目的のために直接的に役立つデータが抜け落ちている可能性は高い。また，ビッグデータは，無作為抽出によって得られたデータでもない。したがって，データの規模は大きいものの，母集団を代表するデータではないことにも留意する必要がある。特に，オンラインシステム上の行動は，システム設計者の目標によりある特定の行動パターンが誘導されるようにプログラムされている可能性がある。検索エンジンやSNSがどのようなプログラムで動いているのかは公表されていないために，システムに組み込まれたバイアスを見抜くことは容易ではない。ただし，無作為抽出されていないからといってビッグデータに有用性がないわけではない。どのようなバイアスがあるか考慮することは，標準的な調査においても重要である。そうすることによって，誤った判断は避け，ビッグデータの利点を活かすことは可能である。

イ　ソフトな証拠の活用

　EBPMに注目が集まっている。体系的に集められた証拠に裏打ちされた政策は，より良い結果に結びつく可能性が高いはずだとの前提が，EBPM推進の背景にある。しかし，有用な証拠とは何かということについて，見解は必ずしも一致していない。EBPMというコンセプトの発祥の地であるイギリスでは，実験や統計データを用いた科学的方法に裏付けられた計量的で客観的なデータだけではなく，当事者や現場担当者が持っている質的で主観的な評価も政策形成に生かされるべきだとの議論が当初から見受けられる。前者をハードな証拠，後者をソフトな証拠と呼んで

---

[7] この事例については，日本経済新聞社2019年7月13日「千葉県市川市保有個人データ，匿名加工で企業提供」を参照。
[8] ビッグデータの優れている点と問題点については，M. J. サルガニック（前掲書pp. 17-42）を参考にまとめた。
[9] EBPMにおける証拠については，特にハードな証拠とソフトな証拠の違いについては，S. Sutcliffe and J. Court（2005）"Evidence-Based Policymaking: What is it? How does it work? What relevance for developing countries?" Overseas Development Institute, pp. 2-4を参照。

いる[9]。統計的な理論と処理の技術が向上したために，政策形成においてハードな証拠を利用することのできる領域が拡大したのは事実である。しかし，ソフトな証拠の中には，当事者が持っている暗黙知や経験に基づく知恵，そして何よりサービス受給者である地域住民，中でも社会的弱者の生の声等があり，これらは，ハードな証拠と同程度，場合によってはそれ以上に有用である。

　ソフトな証拠であっても，体系的に集められたものであれば信頼性があり，政策判断にとって有用な証拠となり得る。ソフトな証拠を体系的に集め分析するための方法は，心理学，社会学，文化人類学等の分野において，フィールド調査，事例研究，参与観察，臨床研究など，質的調査として確立されている。これらの手法に共通しているのは，インタビューや行動観察などにより，定量化できない情報をデータとして収集し，総合的に分析する点である。事業評価の現場での活用という観点からは，グラウンデッド・セオリー・アプローチ等が参考になる[10]。日本でもほぼ同様の手法がフィールド調査の現場で開発され，学術研究だけではなく様々な問題解決の場に用いられている[11]。政策担当者やサービス受給者などフィールドで出会った人々の主観的な意見も体系的に収集することができれば，個々の意見は主観的であっても，それらを比較，統合することによって信頼性と有用性のある質的証拠となり得る。このように集められた質的データは，政策や事業の計画段階だけでなく，評価段階においても重要である。

　近年，市民の熟慮した意見を政策に活かすための手法も新たに提案され，普及し始めている。興味深い手法の一つに，無作為抽出した市民（ミニ・パブリックス）の活用がある。無作為抽出された市民が，十分な情報提供の下で討議を行えば，代表性を確保しつつ熟慮された意見，判断を形成できるはずだという着想に基づいている。裁判員制度を政策の評価に応用したものである。ミニ・パブリックスを活用した手法は欧米で誕生したものではあるが，日本でも無作為抽出市民を事業仕分けや総合計画の評価に活用する事例は増えつつある。熟議民主主義を実現する手法の一つとして注目されている[12]。

（坂野　達郎）

---

[10] グラウンデッド・セオリーの概説，ならびに質的調査法の中における同手法の特色については，戈木クレイグヒル滋子「グラウンデッド・セオリー・アプローチ概説」『KEIO SFC JOURNAL 14（1）』2014年．を参照。
[11] 日本の文化人類学者川喜田二郎が開発したデータ収集と統合の方法については，川喜田二郎『発想法─創造性開発のために』中公新書，1967年．を参照。
[12] ミニ・パブリックスを活用した手法については，篠原一編『討議デモクラシーの挑戦─ミニ・パブリックスが開く新しい政治』岩波書店，2012年．を参照。

Ⅲ　社会教育行政における地域広報戦略

1　行政における広報の歴史

　日本の行政における広報は，第二次世界大戦後の昭和22（1947）年，GHQによる民主化促進の一環として，地方官庁等に対してPRO（Public Relations Office）の設置が示唆されたことから始まった。その示唆の内容は「PROは，政策について正確な資料を県民に提供し，県民自身にそれを判断させ，県民の自由な意思を発表させることに努めなければならない」というものであった。

　しかし，日本側はPROの意味するものがどんなことか分からず，最終的に「弘報」と訳したが，「弘」が当用漢字外のために「広」の字を充てた。この示唆を契機に，公共社会（公衆）との良好な信頼関係づくりを意味する「PR：Public Relations」の考え方が日本の行政に導入されたのである。この考え方には，国民に広く伝えるための「情報発信」だけでなく，国民の意見を広く聴く「情報受信」の「広聴」も含まれていたが，実質的には主に社会に向けた情報発信，お知らせを中心とした狭義の「広報」が展開され，「広聴」の具体化や，一体化した行政運営はほとんど見られなかった。

　その後，高度経済成長期のテレビの普及に代表されるマスメディアの発展，1970年代の「地方の時代」の住民参加の期待に対する情報公開など，行政広報の手段や考え方に変化と発展を迫る社会の変化が訪れる。そして，1990年代以降，インターネットが活用されるようになり，行政広報の主要メディアの一つにウェブサイトが位置付けられる。さらに，活用方法は様々だが，狭義の広報に加え，広聴の面でも地域住民との双方向メディアとして定着していく。一方，地域住民側もインターネットを通じて行政情報を収集するとともに，地方公共団体に対して問合せや意見表明を行うようになってきている。

　現在，行政における広報部門の組織形態は一様ではないが，狭義の広報と広聴の二つの担当を置き，広報担当が政策や事業について情報提供・発信を担い，広聴担当が行政相談や世論調査，苦情処理対応を行うことが多いと考えられる。そのため，以下では，「広聴」を視野に入れつつ，狭義の「広報」を中心に述べていく。

2　広報の意義・機能と実際

(1) 広報の意義

　広報は，地域住民との大きな接点である。ふるさと創生やまちづくりの計画の策定，健康診断や防災訓練の実施，公民館や図書館の施設利用促進など，行政が住民に対して情報発信するには広報という手段を必ず用いる。地域住民が行政のことを理解するのは広報の結果であり成果である。

　そして，地域住民は，広報を通じて知り得た地域や行政の情報を通じて，地域社会への関心を高め，地域の課題を理解し，自らの課題だと理解したときに，様々な方法で地域社会に関わり，市民（Citizen）として自立していく。広報の最大の意義は，国民（地域住民）主権，民主主義を支える自立した市民の育成に寄与することである。

(2) 行政の広報の機能

　行政広報には，単なる情報提供，お知らせの機能に加えて，次の三つの機能がある。

　第一に，地域住民等との情報共有化の機能である。

　行政の大きな役割の一つは，地域住民の福祉向上と地域社会の発展のための行政活動である。その達成は，行政のみで成し遂げられるものではなく，その地域の状況や将来像，今後の取組等について，広報活動によって広く地域住民等に伝え，定着させ，行政と地域住民等がそれぞれの責任と役割を自覚し，協働しながら進めていくことが必要である。そのため広報は，単なるお知らせを越えて，地域住民をはじめとするステークホルダーとの情報の共有化の機能を備えている。

　第二に，アカウンタビリティ（説明責任）の機能である。

　日本の行政においてアカウンタビリティという用語や概念が用いられるようになったのは1990年代後半である。もともとは会計上の用語であり，企業が資金提供者である株主に対して会社の経営状況を説明する義務のことを指していたが，今日では，企業だけでなく行政機関や公共施設等がその経営や権限を持つ事柄について，ステークホルダー（利害関係者）に詳細な説明をする責任のことを指すようになった。行政広報には，保有する情報の公開を通じて，行政活動の透明性を高め，説明する責任を果たす機能がある。

　第三に，地域住民によるガバナンス（統治）機能である。

　アカウンタビリティの考え方が普及し，行政活動の必要性や効率性，達成度・効果，今後の方向性，さらには評価結果などの情報が地域住民に対して提供・説明され

るようになってきている。地域住民による行政活動及び経営の監視，チェックには，行政活動の内容と結果についての情報の公開・提供が欠かすことができず，行政広報には地域住民によるガバナンスの機能を備えている。

(3) 社会教育行政等に期待される広報の機能

　社会教育の行政や施設（以下，社会教育行政等）は地域住民に対する積極的なアプローチ，つまり広報がとても重要である。

　社会教育行政等が発信する広報の内容には，学習機会やイベント，施設の機能やサービスの紹介，団体活動への支援情報，地域活動の紹介，社会教育委員の会議等付属機関の審議状況，施設運営状況の評価結果などが挙げられる。社会教育行政等の広報の意義は行政広報と同一であるが，社会教育を振興する観点から，以下のような教育機能があることを意識することが必要である。

① 社会教育行政等に関する情報提供機能

　広報活動により，学習機会や施設利用など社会教育に関する取組を知らせる機能であり，地域住民の参加や利用を促すとともに社会教育行政等の認知度を向上させる意味を持つ。

② 学習への意欲喚起機能（動機付け）

　地域住民の中には，様々な学習機会や社会教育施設に対する潜在的な学習者や利用者が多く存在している。社会教育行政等の広報は，この層にアプローチして，学習や利用への動機付けを図ることが重要である。地域住民が，学習活動や施設利用に対して，認知から参加・利用という行動へと転化する動機付けとなる広報が期待される。

③ 学習への進展機能

　先述のように，行政広報には地域住民等との情報共有化の機能があり，地域住民は広報を通じて地域課題を理解する。そしてそれが自らの課題でもあると理解したときに，必要課題と要求課題の両面を備えた学習課題に進展する。地域住民が自らの学習課題の明確な理解へとつながる広報が期待される。

(4) 広報の実際

　地方公共団体で実際に用いられている広報媒体は様々だが，下記のものが例示的に挙げられる。
　　・地方公共団体の広報紙（誌）（教育委員会の広報紙（誌）等各部局のものを含む）
　　・PRちらし・ポスター

- ・ダイレクトメール
- ・生涯学習情報システム等行政情報を提供するシステム
- ・立て看板・懸垂幕
- ・町内会等の掲示板，回覧板
- ・ノベルティ（ティッシュペーパー，メモ帳など）
- ・ウエブサイト（ホームページ）
- ・SNS（交流系（Facebook[1]，Twitter[2]），メッセージ系（LINE[3]），写真系（Instagram[4]），動画系（YouTube[5]），１WAY型（ブログ））
- ・新聞の地域版やタウン紙の行政情報コーナー
- ・ケーブルテレビの行政情報コーナー
- ・コミュニティ FMの行政情報コーナー
- ・広告媒体の活用（街頭の大型ビジョン，デジタルサイネージ，バス・電車等の中吊りなど）

このように，我々の身の周りには，広告媒体の活用まで含めて，地方公共団体が用いる多様な広報媒体が存在している。1990年代から通信網であるインターネットが飛躍的に普及し，さらに2000年頃から通信手段であるスマートフォンが爆発的に普及したことによって，人々は情報の一方的な受信者から双方向型の発信者へと転換した。さらに2010年以降，SNSの利用者が大幅に増加し，その利用は小学生にまで拡大してきており，今やほぼ全ての地域住民がインターネットにつながっているといっても過言ではない。その結果，地方公共団体もインターネットを活用した広報に力を入れる動きとなっている。例えば，広報「紙」から「ウェブサイト版」広報へと，代替機能を備えた新しい媒体に移行するところもある。

しかし，少なくとも現時点では，従来の媒体にも他のメディアでは替え難い特性を備えていることを見逃してはならない。例えば，新聞の紙版と電子版を比べてみれば，紙版は申込が必要なものの家に届くが，電子版は自分からPC等でアクセスする必要がある。紙は切り抜き，保存ができる一方，電子版は満員電車などでも読むことができる，様々な新聞から瞬時に情報を収集できるなどの特性がある。また，画像や

---

[1] Facebookは，Facebook, Inc.の登録商標または商標である。

[2] Twitterは，Twitter, Inc.の登録商標または商標である。

[3] LINEは，LINE株式会社の登録商標または商標である。

[4] Instagramは，Facebook, Inc.の登録商標または商標である。

[5] YouTubeは，Google Inc.の登録商標または商標である。

映像の場合には，ウェブサイトやSNSは自らスマートフォン等で情報を求める行動である一方，街中や駅の通路などに設置された大型ビジョンやデジタルサイネージはたまたまそこを通ったという偶発性が高いものの大きな画面で瞬間的に伝える強みがある。

　このように，個々の広報媒体には，他では替え難い特性－エリア，対象，媒体への利用・接触の頻度，情報との接触時間，視覚・聴覚への訴求，情報量の大小など－を備えている。

　これまで行政の広報は，広報紙やウェブサイトを作成し，その発行・運営に力を注いできた。しかし，上記のように，現在のメディアの種類は幅広く，それぞれ特性が異なる上に，世代や性別，地域，そして時間帯等により，ユーザーや利用頻度が異なる。

　広報の担当者には，デザイン性の高い広報紙を制作することや，ウェブサイトやSNSが運営できることは重要であるし，地方公共団体の場合には広報ルールに則ることももちろん大切である。しかし，社会教育行政等の広報では，多メディア時代を迎え，媒体の特性を理解し，目的と対象に応じて，どのタイミングで，どのメディアを活用するかをプロデュースすることも期待される。

(5) 社会教育行政等における広報の留意点

　地域住民は，人によって比重の違いはあるが，誰でも「顧客」，「納税者・主権者」，「パートナー」の三つの顔というべき側面を持っている。行政広報の視点で考えると，いずれも必要なのは情報の共有である。

　行政広報は，この三つの顔を持つ地域住民に対して，戦略的に展開する必要があるが，社会教育行政等における広報に絞って，その原則的な視点について考えてみよう。

　一つ目は，広報の優先順位付けである。広報の効果を上げるためには，広報テーマを絞り，重点的に展開するよう，テーマ・内容と媒体の順位付けが必要である。重点的なテーマ以外は広報しないということではない。広報する順番が後ろになるだけで，例えば，社会教育施設の運営の状況に関する情報の提供など，必要なものを広報するのは当然である。また，対象や効果を勘案して，提供・発信する媒体の順位付けと選択も必要である。

　二つ目は，企画重視型の広報である。インターネットの普及により，ニュース性や話題性のある情報は，媒体側が記事として掲載してくれるほか，口コミやSNS上のシェアなどの広がりが期待できる。地域住民や利用者が持つ満足度や印象が，知らな

いうちに多方面に広がることで，施設や事業の継続的なイメージやブランドへとつながる時代となってきている。事業企画担当と広報担当が異なる部署の場合，広報担当が年間事業計画の検討会議等の早い段階から個々の企画の立案に参画し，広報的見地からの意見を盛り込む意識と体制が重要である。このことは企画のブラッシュアップにつながる。さらに，予算担当が予算の観点で社会教育行政等全体に横串を刺しているように，広報の観点で横断的に調整しながらつなぐことになり，広報する内容が明確になり，社会教育行政等全体の水準向上となる。

　三つ目は，「顔の見える広報」の展開である。広報担当者やキャラクター，SNSの「中の人」等が前面に出ることで，親しみを増し，愛着を抱いてもらう効果が期待できることから，注目されているワードである。行政広報は行政と地域住民の相互理解を「コミュニケーション活動」として展開していくというのが本質的な意味で，個人やキャラクター性を出すことのみを意味しない。担当者やキャラクターがその行政等の姿勢のイメージを表す点には注意が必要である。とはいえ，人間味を完全に除いてしまうと，単純に告知をするだけの無味乾燥なものになってしまう。地域住民を対象とする社会教育行政等は，人間味のある広報としてどのような「顔」を見せていくのか，十分に検討することが必要である。

　四つ目は，広報の評価である。広報の業務の評価もPDCAサイクルとして行うのが基本となる。広報の効果は測りにくく，地方公共団体における広報の評価の視点・指標には，広報リリース件数，メディア露出回数，ウェブサイトのアクセス数，リツイート数，事業等への参加者数などがある。しかし，SNSなどの広報媒体の出現に伴って，文字による広報から画像や動画を含めた広報へと展開の刷新が求められている。「人と人のコミュニケーション活動」として，伝わりやすさ，分かりやすさの視点から，アクセシビリティ，社会教育行政等としてのイメージ・品性，感性など，広報の質についての評価にも目を向けることが必要である。

　以上のように，社会教育行政等にとって広報はとても重要であり，また，難しい。予算をかけたからといって必ずしもうまくいくというものでもない。

　広報の活動において大切にすべきは「広報マインド」である。そして，さらに必要なものは，地域住民との間にある「共感するもの」である。それはサービスであったり，本や資料のようなモノであったり，雰囲気や思い出のような形の無いもの，「あったらいいな」程度の期待，生活上求めている期待であったりする。一方向からの情報提供は，特定の思想・世論・意識・行動へ誘導する意図を持った行為（プロパガン

ダ）に陥るリスクを孕むので，広報の活動を住民と行政の「コミュニケーション活動」と捉え，展開することは極めて重要なことである。

　行政広報は，社会と広報媒体の変化を背景に，地域住民や様々なステークホルダーと関係を築きながら，地域課題の解決や地域住民の生活の豊かさにつながる双方向・多重型の広報スタイルへの移行が求められる時期を迎えていると言えよう。

（稲葉　隆）

3　社会教育行政・施設等の情報化：学習情報提供の現状，
　　課題と今後求められる視点

(1)　学習情報提供の現状

　学習情報とは，人々が学習するときに必要となる情報の全体と捉えることができる。学習情報には，学習内容そのものの情報や学習者を学習の機会に結び付けるための案内情報などがある。地方公共団体では，人々の生涯学習を支援する環境醸成の一つとして，学習情報提供システムの整備が行われているところもあるが，この場合に提供される学習情報は案内情報が中心となっている。

　学習情報は，これまで，ポスター，チラシ，広報紙等の配布，生涯学習情報誌等の冊子の発行，テレビ，ラジオ，新聞等のマスメディアの利用，学習情報提供システムの構築・活用，学習相談員等による窓口での学習相談などの方法で提供されている。その主な内容については，

　　a：学級・講座，講演会，展示会等についての内容，主催者，期間，参加方法等の
　　　　情報
　　b：学習活動の場となる施設についての所在地，交通案内，設備状況，利用方法等
　　　　に関する情報
　　c：学習団体・グループの活動内容，参加方法等に関する情報
　　d：指導者，講師，ボランティア等の指導・協力内容，連絡先等に関する情報
　　e：教材，教具等の種類，利用方法等に関する情報
　　f：社会教育活動の事例や学習プログラム等に関する情報
　　g：その他，ボランティア活動等の情報

が挙げられる。

　また，社会教育行政・施設等で取り扱う学習情報の範囲を見てみると，全体として，自らの活動範囲を主軸としており，極めて限定的である。例えば，公民館では，自らの主催事業や関係する社会教育関係団体の活動等を学習情報として捉え，最低限の範囲で情報提供しているところが多く見られる現状がある。

(2)　情報化の動向

　情報化の進展は，今，新たな段階に入っている。通信システムはアナログからデジタルへ，通信速度を向上させる仕組みは第四世代（4G）から第五世代（5G）へと移行しつつある。若者の多くは，テレビ・ラジオ，新聞などのマスメディアから離

れ，SNSなどのパーソナルメディアの活用へと移行している。平成29年版「情報通信白書」によると，平成23（2011）年から平成28（2016）年の５年間で，個人のスマートフォン保有率は４倍に上昇しており，20代の保有率は94.2％，70代でも13.1％という結果が示されている。

　また，情報化については，国においては総理大臣，都道府県や市町村においては首長をトップに方向性を検討し，基本方針や政策・施策を定め，行政全体で取り組むことが通例となっている。近年では，地方公共団体の情報化の方向性として，体系的，組織的，持続的等をキーワードに，シティプロモーションや住民の満足度向上を目指した戦略的広報の推進などが議論されている。地方公共団体の情報化の方針の下，これまで社会教育行政がその事務において単独で構築してきた学習情報提供システムも包含されつつある。

　これらの現状を踏まえ，社会教育主事には，新たなテクノロジーや，情報格差（デジタル・ディバイド）等の問題にも敏感となり，社会教育部門の情報提供を効果的に行うための手段を常に見直していくことが望まれる。特に，後に詳しく述べるが，位置情報を含めたメタデータの付与や適切な権利処理等の対応は，将来の情報化に耐え得るデータの条件であり，社会教育分野の見識が問われている。

(3) 案内情報から学習活動の内容へ

　大容量データを高速で送信することが可能になった現在，MOOC（Massive Open Online Course）や日本で運用されるJMOOCなど様々なeラーニングの取組がオンライン上で行われている。日本では，インターネット大学など，eラーニングの実績を積み重ねている大学もある。また，官民共同のプロジェクトとしては，いつでも，どこでも，誰でも学習できることを目標としたインターネット市民塾のような取組が一定の広がりを見せた地方公共団体もある。

　国際的には，アメリカにおいて「ミネルバ大学」というキャンパスを持たない大学が登場し，全米で一番入りにくい大学の地位を得ている。ミネルバ大学では，講義は全てオンラインで，10分以内の教師のレクチャーと学生同士のディスカッションを中心とする等，アクティブ・ラーニングが基本となっている。学生は４年間で世界７か国をめぐり，各国のプロジェクトに参加する。キャンパスを持たないことにより，授業料が劇的に下がっていることもこの大学の特徴である。また，ヨーロッパにおいては，ボローニャ・プロセスにより，トルコを含む50を超える国や地域が参加した欧州高等教育圏の構想が進められており，学びの共通化，市民教育の内容について議

論されている。当然，そこでは，eラーニングを視野に入れた議論が展開されている。

　スマートフォンは，映画を作ることさえ可能な能力を持っており，学習教材の作成と配信・受信において活用することもできる。パソコンのプレゼンテーションソフトには簡単に音声を付加させることが可能であり，日本の大学や博物館の活動では，プレゼンテーションソフトで作成した学習教材が活用されている。社会教育主事講習においては，遠隔地の会場に講義を配信しているところもある[1]。

　また，情報技術の活用は，様々な制約から学習の場に来ることができない者の学習活動への参加を可能にする。また，これから学習を始めようとする者が，過去の学習活動を情報技術を活用して視聴することができれば，より的確な学習機会の選択につながる。さらに，デジタルコンテンツを蓄積することにより，単なる教材としてではなく，社会的な「知」を支える一つの手段へと機能アップさせることも可能である。

　また，社会教育行政・施設等は，広域行政の視点からデジタルコンテンツを共有することで，より多様な学習機会を提供することができるとともに，社会的な「知」を支える一つとなることができる。例えば，管内全ての公民館が入門の英会話教室を開催しなくても，ある公民館はビジネス英会話や多国籍言語の教室を開催し，eラーニングによりどの公民館でも受講できるようにするなどである。広域行政の視点に立ち，関係部局や機関等と連携を図り，協議と役割分担を繰り返すことが不可欠であろう。

　国では，現在，内閣府を中心に，文部科学省を含む関係省庁を集め，分野・地域を超えて日本の知識を集約するデジタルアーカイブの構想を進めている。日々行われている講座や教室の講義内容，活動内容などを収録し，デジタルアーカイブとしてストックして，社会に活用できるようにしていくことが重要である。また，学習情報提供において，案内情報だけではなく，学習そのものへのアクセスを可能とする案内情報提供するために，どのように体制を構築するのかについて併せて検討していく必要がある。

(4) 長期アクセスへの対応（メタデータ，識別子，位置情報等）

　デジタル技術は私たちに様々な恩恵を与える可能性を持っているが，万能ではない。デジタルデータはいわゆるメンテナンスを怠れば，活用しにくくなる。情報と通信を担当する総務省は，東日本大震災の教訓・経験を後世に残していくため，平成

---

[1] 社会教育実践研究センターでは，インターネットを活用して，ライブ配信により受講ができる地方会場を開設している。

25（2013）年3月に「震災関連デジタルアーカイブ構築・運用のためのガイドライン」を公開している。ここでは，メディア（記録媒体）や再生機器（ハードウェアやソフトウェア）には寿命があるといったデジタルデータの長期保存に関する課題に触れ，貴重なデータを後世に残すためには定期的なデータ移行（マイグレーション）が必要であり，これをしなければ，30年後にはデータが開きにくくなり，100年後には活用できなくなることへの警告を発している。同ガイドラインの第4章に具体的な記載があるので参照されたい。

　また，今後，デジタルデータが大量にデジタルアーカイブ化されることを踏まえると，私たちには一つ一つのデータに解説を加える仕組みやそれを活用するための知識が必要となる。例えば，デジタルカメラには「Exif」というメタデータ（データのデータ）を写真に埋め込む機能がある。メタデータには写真のテーマやコメント，いつ，どこで，誰が，何を撮影したのかなどを記録することが可能である（画像参照）。

　写真を公開する際には著作権者の許諾を得なければならないが，写真の著作権者は所有者ではなく，撮影者である。しかし，撮影者に許諾を得たくても撮影者を探し出すことは難しい。仮に，撮影者を特定できなかったとしよう。著作権の保護期間は，著作者の死後70年であるので，撮影者が今から60年後に死亡したとすれば130年後にならないと写真を自由に使用することはできない。そこで，メタデータである。メタデータには，権利者情報を書き込むことができるので，写真のメタデータに撮影者の情報が記録されていれば，著作権者を探し出すことは容易になる。

　一方，時間の経過や災害等による町の変化などを将来比較できるようにするために

※画像のプロパティを開き，詳細タブを選択すると，メタデータを書き込むことができる

は，正確な位置情報を把握する必要がある。デジタルカメラにはGPSが内蔵されているカメラがあるので，それを利用すれば正確な位置情報とともに町の変化を記録することができる。もし，GPSによる位置情報が記録されていないデータの場合は，国土地理院が提供している「地理院地図」などの地図ソフトを利用し，Exifに位置情報を書き込む方法がある。どちらも簡単であるので，活用してみれば利用方法が分かるようになる。

　国立国会図書館では，国立国会図書館ダブリンコアメタデータ記述（DC-NDL）を定めて，インターネット上に提供されるコンテンツの組織化・利用提供の促進を図っている（詳細については，国立国会図書館のホームページを参照）。

　このように，位置情報や権利情報というメタデータはインターネット上のデータに今後は必ず付される情報となっていくので，その利用方法を知ることが社会教育の部門でも必要となっていくだろう。

　その他，著作物のインターネット上の住所の表し方についても留意が必要である。広報資料などにインターネット上の著作物を引用として扱うことがある。そのような時には，著作物のURLを記載する必要があるが，URLはサーバーなどの入れ替えによりアクセスできなくなるケースがある。そのため，現在，「永続的識別子」の普及が着目されている。オープンイノベーションやオープンサイエンスの構想を提案している関係者は，著作物のアクセスの保障のために，「永続的識別子」の活用を推奨している。また，国立国会図書館デジタルコレクションでも採用されている。

(5) 権利処理

　権利処理はインターネットの普及により当たり前の行為となっている。著作権法は，情報技術の進展に伴い，毎年のように改正が行われており，文化庁のサイトで最新情報を把握することができる。特に，『著作権テキスト』は著作権法改正との連動性や内容の充実において際立っている。また，「著作権契約書作成支援システム」は，法的な知識がなくとも著作権等に関する契約書の案（ひな型）を作成することが可能であり，社会教育においても，講演やシンポジウムの講演依頼，広報活動などで行う原稿依頼，公民館祭りなどでの写真撮影の依頼など，具体的な活動で活用が可能である。

　契約行為をする際の留意点として，著作者人格権に関する事項がある。著作権法第59条では，著作者人格権は譲渡できないことが定められている。例えば，インタビューをしたデータを短く編集することや写真をトリミングすること等は，著作者の許諾なしに行うことができない。このため，データ等を円滑に利用するためには，契

約の段階において，著作者が著作権を譲渡する相手方に対して「著作者人格権を行使しない」ことを契約しておくことが必要である。また，著作権契約書作成支援システムを利用しない場合の契約行為に見られる「全ての著作権を譲渡する。」という記載があるが，この記載だけでは著作権法第27条及び第28条で守られている翻訳権や翻案権，二次的著作物の利用に関する原著作者の権利は譲ったことにならない。著作権テキストでは，社会教育の広報・情報提供や事業の実施に必要な知識を提供しているので，ぜひ参照いただきたい。

● 参考：著作者人格権

公表権	自分の著作物で，まだ公表されていないものを公表するかしないか，するとすれば，いつ，どのような方法で公表するかを決めることができる権利
氏名表示権	自分の著作物を公表するときに，著作者名を表示するかしないか，するとすれば，実名か変名かを決めることができる権利
同一性保持権	自分の著作物の内容又は題号を自分の意に反して勝手に改変されない権利

(出典：公益社団法人著作権情報センターウェブサイト「著作権Q&A」(http://www.cric.or.jp/qa/hajime/hajime2.html))

　このように，権利処理は，インターネットを使用する場合の常識となっているが，契約書を締結する方法以外に権利者が自らの意志を明示する「意思表示」システムが普及しつつある。文化庁では「自由利用マーク」を推奨しているが，クリエイティブ・コモンズ・ライセンスについても前述の著作権テキストでは紹介している。

■ 用語解説：クリエイティブ・コモンズ・ライセンス

　著作者が自らの著作物を公開する際に，その著作物の利用条件を意思表示するためのツールとして，クリエイティブ・コモンズ・ライセンスというライセンスが国際的に利用されています。このライセンスは，クリエイティブ・コモンズ・ライセンスという国際的非営利団体が運営しています。
　クリエイティブ・コモンズ・ライセンスはすべての権利を主張するいわゆる「All rights reserved」とすべての権利を放棄する「パブリックドメイン（PD）」の間で，いくつかの権利を主張する場合に利用され，「BY（表示）」，「NC（非営利）」，「ND（改変禁止）」，「SA（継承）」の四つのマークの組み合わせにより利用の条件を表示することができます。

マークの基本的な組み合わせ

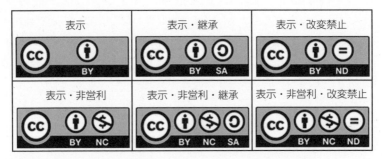

　例えば，日本の中央省庁ウェブサイトのトップページには，最後に著作権の意思表示として「All rights reserved」の表記がいくつか見られる。この表記が見られるウェブサイト上の情報は許可なくコピーすることができないことになっている。大英図書館ウェブサイトのようにクリエイティブ・コモンズ・ライセンスを使用した表記をすることを検討することが望まれている。

　一方，クリエイティブ・コモンズ・ライセンスなどの意思表示システムでは，肖像権，個人情報，慣習などの著作権以外の権利は意思表示できない。例えば，社会教育に関するチラシの掲載，動画サイトへの投稿，デジタルアーカイブの構築などにおいて，人物が撮影されているデータを利用する場合，当該人物の肖像権の了解を得ているのかどうかは，この方法では不明である。新たな意思表示システムの整備が待たれる。

　そもそも肖像権は，肖像権法という法律がないので，判例で判断するしか方法はない。基本は，本人が特定できるものについては，公開するためには了解が必要である。もし，了解を得ていない場合には，個人を特定できる写真はマスキング処理が必要となる。

　また，個人情報保護については，EUが最も厳しいルールを導入しつつあり，他者の個人情報を扱う場合には，基本は本人の了解が必要となっている。日本においては，毎年，個人情報保護法の見直しの動きがある。現在ではビッグデータの活用により，匿名情報でも個人を特定できるようになりつつあるので，それをどのように防ぐのかの議論が始められているが，その中心にある情報が個人情報である。注視しなけ

ればならない。

　この他に，地域の祭りや地域の人々が大切に守ってきた場所など，法律に規定されていないことでも，特定の人々や地域に配慮しなければならないことが存在する。

　これらの権利処理を適切に行っていないデータを他者が利用することはできない。社会教育のデータが社会的な「知」を支える一端となるためには，権利処理の専門的な知識は，職員がもつべき最低限の知識と考える。

(6) 新たなテクノロジーへの対応と情報提供

　私たちが日常生活において使用する主な情報機器は，パソコンからスマートフォンへと変化してきている。「タグ」は，もとはhtmlタグ（ページに関する書式等の情報など）やコンバーションタグ（購入数など）など，付加情報を埋め込むためのものであった。これが SNS上では，検索するためのキーワードとして使用されている。社会教育に関する情報提供でSNSを利用する場合，学習者がその情報に辿り着くためにはハッシュタグの活用を前提としなければならないだろう。

　インターネット回線にも新たな流れが存在する。教育の高速回線として知られるサイネット（SINET，学術情報ネットワーク）を小・中学校や高等学校でも活用することが，文部科学省の方針として決められ，令和5（2023）年までに全ての学校で遠隔教育が可能になることを目標としている。有線のサイネットとは別に，無線LANを相互利用する「エデュローム（eduroam）」が，現在，国内258機関，世界101か国で活用されている。日本では，サイネットを構築・運用している国立情報学研究所が主体となっている。

　また，スマートフォンのアプリケーション（アプリ）は，私たちの生活を便利なものとしている。現在では，電車などの路線案内からスキャナーなど，仕事にも活用できるレベルのアプリも提供されている。

　情報提供を担当する社会教育関係者は，このような新たなテクノロジーの動きに敏感になり，対応策を検討していくことが常に求められるであろう。

(7) 地域の記憶を未来に遺すデジタルアーカイブ（地域の情報・記憶のデジタルアーカイブ構築と運用等）

　平成29（2017）年4月に，デジタルアーカイブの連携に関する関係省庁等連絡会・実務者協議会は「我が国におけるデジタルアーカイブ推進の方向性」を公表した。デジタルアーカイブについては，平成15（2003）年7月にIT戦略本部から公

表された「e-Japan戦略Ⅱ」において，「知」の分野の具体的な方策が提言された。その後，東日本大震災が引き金となり，貴重なデータの未来への継承を大規模な予算化が支える本格的なプロジェクトが被災地を中心に進められた。特に，総務省の震災関係のガイドライン作成や被災県への大規模支援がデジタルアーカイブ構築上の知見を深めた。ある県では，総務省の予算を受け，県の生涯学習課が県立図書館とともに

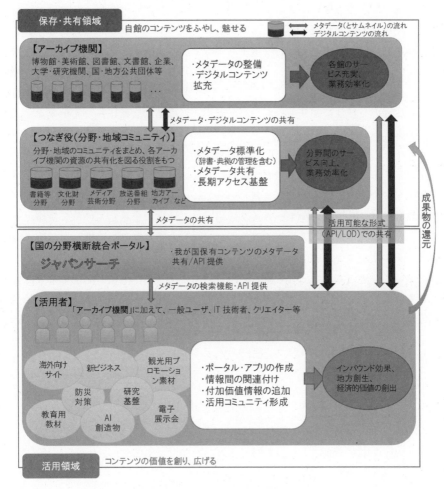

図1　デジタルアーカイブの共有と活用のために

（出典：実務者検討委員会（事務局：内閣府知的財産戦略推進事務局）『第二次中間とりまとめ』平成31年4月）

デジタルアーカイブ構築に取り組んだ。これは，国立国会図書館東日本大震災ポータルサイト「ひなぎく」との間でメタデータの連携も図られている。

　デジタルアーカイブについては，映画や漫画，スポーツなどの分野ごとに進められているプロジェクトや地方公共団体ごとに進められている取組があり，例えば，「市町村」「デジタルアーカイブ」で検索してみると，地方公共団体の取組に関する数多くの情報をインターネット上で見ることができる。現在，デジタルアーカイブの取組は，著作権上問題の少ない，貴重書などの歴史的な資料が中心となっているが，過去だけでなく現在の情報も提供している事例もある。

　デジタルアーカイブの技術は日々進歩している。各デジタルアーカイブを横断的に検索ができる技術としてIIIF（トリプルアイエフ）やジャパンサーチ（国立国会図書館）が注目されている。また，膨大なデータを扱うAI技術開発に世界中が取り組んでいる。生物の多様性に関する探究，商品管理，就職活動などにおいてデータサイエンスと呼ばれる分野も登場してきている状況において，社会教育においても，デジタルアーカイブの構築にどのように関われるかが問われている。地域の過去の歴史から学び，現在を未来に遺す活動を視野に入れながら，社会教育活動の意義を社会全体の膨大なデータの中で主張することも新しい時代には必要なのかもしれない。

　社会教育におけるデジタルアーカイブの構築は，地域に密着している公民館が中心となり，図書館，博物館，青少年教育施設などの社会教育施設と連携し，学習活動自体をデジタル化しつつ地域の情報を発信していく拠点となって取り組んでいくことが日本においては適切である。社会教育施設が中心となって，地域の記憶を未来に遺す役割を果たすことが期待されている。

（坂井　知志）

第4章
社会教育における
地域人材の育成

I　地域課題解決・まちづくりに取り組む人材の育成と活動支援

1　「地域」の捉え方

　私たちの主な生活の場は，大ざっぱにいえば，家庭，職場（学齢期では学校），地域である。高齢になって退職をすれば，そこから職場が抜けて，家庭と地域になる。家庭は純粋に私的領域であるが，地域はどのような場なのか。

　まず，「地域」とは何かという基本的なことを押さえておきたい。地域は，「地域」，「コミュニティ」，「地域コミュニティ」などと呼び方は異なっても，それが意味するものはほぼ同じである。地域を，例えてデコレーションケーキに置き換えてみよう。デコレーションケーキは，二重の構造になっていて，土台の部分はスポンジと呼ばれ，その上にデコレーションの部分が載る。地域も同じで，土台（土地）の部分だけがあっても，その上で営まれる人々の暮らし，人間関係，街のにぎわいなど（ケーキのクリーム，チョコレート，イチゴなどの美味の部分）がなければ，地域とは言い難い。

　このように，「地域」の概念には，大きく二つの要件が含まれて

図1　「地域」のイメージ

いる。その一つは地域性である。地域のイメージは，大方，自治会・町内会の範囲や，市町村・特別区の範囲であることが多いが，もっと広い範囲を想定することもできる。ちなみに，最も広い範囲の「地域」は国際社会（International Community）と捉えることもできる。

　もう一つの要件は関係性である。そこで暮らす人々の間には，何らかの共通の関心や協力的な関係がある。例えば○○市○○町というのは，一つの範域を構成し，それを基礎にして，近所付き合い，自治会活動，趣味の集まり，行事・祭りなど，共通の関心や人間関係が成立している。こうした地域における関係性が，日々の生活に活力をもたらし，幸せの源泉にもなり得ることは，私たちが経験的に知るところである。

　中央教育審議会答申「人口減少時代の新しい地域づくりに向けた社会教育の振興方

策」（平成30［2018］年）は，地域における人々の関係性に触れて次のようにいう。「住民相互のつながりや相互に認め合う関係は，生き生きとした地域コミュニティを形成し，地域が直面する様々な課題の解決に向けた住民の主体的な活動を活発化させるための基盤を形成するものとして機能する」。

　私たちは，周囲の人々や地域の組織とつながりをもって日々暮らしているが，実際の地域の状況に目を向けると，そこに住む人々同士の関係性は深まっていないのではないか，また地域の様々な組織が企てる行事・イベントへの住民の参加についても消極的になっていないか，という疑問が持たれる。

　例えば，かつての地域では，「向こう三軒両隣」の関係はよく見られた。日常の挨拶や世間話，お裾分け，留守時の声掛けなどの近所付き合いがあった。今，その関係は薄まってきている。また，かつては，自治会・町内会，婦人会，子供会などの地縁団体やPTAの活動は，概して活発であった。しかし今は，これらの組織の一部は，活動が停滞したり，一部は消滅したりしている。

　一方，今日，情報社会化が進む中で，「ネット・コミュニティ」（「インターネット・コミュニティ」）と呼ばれるような，必ずしも地域性を要件としない人と人とのつながりが広がりつつある。趣味や社会貢献など共通の関心をもつ人々が地理的な意味での地域を超えてつながる傾向がある。また，それぞれの関心に沿って地域づくりに取り組むボランティア団体やNPOなども見られるようになった。こうした動向を踏まえれば，「地域」の要件でより重要性を増すのは，そこで繰り広げられる人々の関係性であるということができよう。

　このようなことから，社会教育行政において「地域」を捉える際には，従来からの地縁的なつながりに加えて，新たな人々の関係性にも着目して捉えることが大切である。

● 参考：「ふれあい」を求める心

経済の高度成長期が終わった1970年代以降，地域では，人々の情緒的なつながりを求める気持ちを受け止めるかのように，地域の施設名や事業名に「ふれあい」という名称がよく用いられるようになった。例えば，「ふれあいセンター」，「ふれあいの里」，「ふれあいの道」，「ふれあいまつり」など。中村雅俊が歌う「ふれあい」（昭和49［1974］年）では，その歌詞において，人々の心のふれあいの大切さが表現された。歌は当時の世相を反映して，人々の心を捉えた。

2 「地域人材」の考え方

　アメリカの社会学者マーク・グラノヴェッター（Mark Granovetter）は，地域での人々のつながりや地域の組織化について，今まで軽く見られてきたある種の人間関係に注目し，「弱い紐帯の強さ」（The Strength of Weak Ties）という論文を発表した（1973年）。紐帯とは結びつきのことである。それによると，紐帯は，家族，親しい友人，職場の仲間といった「強い紐帯」と，例えば地域のイベントやサークルでたまたま知り合ったような関係の「弱い紐帯」に分けられるが，弱い紐帯は，人に「コミュニティ感覚」（sense of community）を芽生えさせ，地域の一員としての存在に気付く良い機会となるという。論文は，地域で暮らす人々の幸せや地域の活性化に，人々の日常的なコミュニケーションや，好み・関心でつながる人間関係が大きく寄与することを示唆している。

　一般に地域人材というとき，そのイメージは，地域で顕在的に活躍している人々といったところだが，実は，地域で弱い紐帯を積極的に求め，日々の暮らしに生かそうとする多くの人々がいなければ地域の活性化は望めず，その意味で，それらの人々はおしなべて，広義の地域人材ということができる。こうした広義の地域人材の存在を意識しないと，地域人材を地域で特定な資質・環境を備えた人々といった，狭隘な地域人材像を描くことになりかねず，広範な地域人材によるダイナミックな地域発展の姿を見失うことになりかねない。

　また，高齢者を例にとると，文部科学省がこれからの本格的な長寿社会の到来を見据えて平成24（2012）年に出した報告書（『長寿社会における生涯学習の在り方について～人生100年 いくつになっても学ぶ幸せ「幸齢社会」』）では，地域でますます高齢者の人口比率が高まる中で，高齢者はもはや地域で支えられる存在ではなく，むしろ地域の様々な課題に積極的に関わる「地域社会の主役」であり，地域社会の活性化に寄与する存在であることを表明している。高齢者に限らず，地域社会の主役が一部の地域人材のみではなく，地域の全ての人々であることを念頭に置いて，以下に述べる顕在的な地域人材の役割，育成，その支援を考えていくことが大切である。

3 社会教育における地域人材の実践

(1) 社会教育における地域人材像

　社会教育における地域人材としては，およそ，講習会や学習会等の生涯学習活動，地域の学校の支援，家庭教育・子育て支援，青少年の健全育成などに関わる人々が挙

げられる。

　社会教育における地域人材の具体的な活動例を挙げれば，地域学校協働活動推進員，学校支援ボランティア，社会教育施設ボランティア，子育てサポーター，家庭教育支援員，青少年育成アドバイザー，公民館学習サークル指導者及び運営役員などがある。また，社会教育行政組織の一部を担う（または行政と連携して活動を担う）地域人材には，社会教育委員，公民館運営審議会委員，生涯学習推進員，放課後児童支援員などがある。これらはほんの一例であり，地域人材の役柄には，地域の実情に合わせて様々な名称が付けられている。

　21世紀に入ると，地域人材や団体が地域の教育力を生かして学校を支援する組織的な活動が広まった。その活動の中心となったのが学校支援ボランティアと，その活動を調整する役割のコーディネーターである。平成27（2015）年に中央教育審議会答申「新しい時代の教育や地方創生に向けた学校と地域の連携・協働の在り方について」が出されて学校を核とした地域づくりの方針が定まると，これを受けて平成29（2017）年３月に社会教育法が改正され，教育委員会は，地域と学校をつなぐコーディネーター役を地域学校協働活動推進員として委嘱することができるようになった。地域学校協働活動推進員は学校支援ボランティアの活動に，必要に応じて助言等の支援をする役割が与えられている（社会教育法第９条の７参照）。

(2) 人材が地域で果たす役割

　地域人材は，これまでの職業経験，家事・家政の経験，地域活動の経験を生かし，また積年の学習の蓄積を生かして，社会教育分野で様々な役割を担っている。この役割のタイプについて，主なものを挙げてみよう。

　　ア　コーディネーター（coordinator）として：人や活動をつなぐ役割。地域の人とモノが機能的に結びついて活動に生かされることになる。

　　イ　プランナー（planner）として：魅力ある活動のアイデアを提案したり，企画の助言をする役割。人や組織にアイデアを分かりやすく説明できることが重要である。

　　ウ　インストラクター（instructor）として：講座の講師等として，これまで蓄積してきた知識や技術を人に伝える役割。ある事柄をよく知っていることが，そのままよく教えられることにはならない。伝え方の工夫が必要である。

　　エ　ファシリテーター（facilitator）として：グループの中にあって，メンバーを元気づけ，活動の一層の推進を図る役割。その人がいることで活動のモチベー

ションが上がる。

　オ　アドバイザー（advisor）として：人や組織に，適切な助言をする役割。これ
　　までの経験を生かすのはもちろん，関連する情報を集めて助言力を高めることも
　　大切である。

　カ　カウンセラー（counselor）として：活動で生じる悩みを聴いてくれる役割。
　　気持ちに寄り添ってくれる人。表立っての活動ではないが，継続的な活動には
　　「黒衣」のような重要な役割である。

　以上のような役割は，一人一役といったものではなく，自身が身を置く立場の中で
いくつかの役割を重層的に担っていることが多い。社会教育の指導者・支援者等とし
て地域で積極的に活動する人々は，自らが担い得る役割を自覚して，社会教育の活性
化に寄与することが期待される。

　地域で活動する人材が，個人として，あるいは団体の中で，どのような役割を担う
かにかかわらず，活動を通して得られる自己有用感や生きがい感は，そこはかとなく
外面ににじみ出るものであり，周囲の人々が感知するところとなる。地域人材が，身
近な「role model」（ロールモデル，お手本）となって，周囲の雰囲気を変え，人々
の地域での暮らし方や生き方に影響を及ぼす可能性は少なくないであろう。地域人材
には，暮らしの一部に地域活動がある生き方のお手本として，周囲の人々の学びを促
し，潜在的な地域人材が実際の活動に入っていくきっかけづくりを担うことも期待さ
れる。

4　行政による地域人材の育成と活動支援

(1) 行政と地域団体の連携・協働

　地域における社会教育活動を活性化し地域づくりにつなげていくためには，活動を
成り行きに任せるのではなく，活性化に有効な手立てを講じていくことが大切である。
その手立てを大別すると，行政が中心になって進めるものと，地域団体が中心になっ
て進めるものがある。もちろん両者は峻別できるものではなく，行政と地域団体の密
接な連携・協働の関係がなければ十分な効果が挙げられないことは言うまでもない。

　連携・協働では，社会教育主事に重要な役割が期待される。前出の中央教育審議会
答申（平成30年）は，今後の地域づくりに向けて社会教育主事が果たす役割を次の
ように述べている。「社会教育主事が，単に教育委員会の枠内での業務にとどまらず，
首長部局や社会教育に関わる様々な主体等も含め，広く社会教育に関する取組を積極
的に支援するよう，学びのオーガナイザーとしての業務内容の高度化を図るなど，総

合的な視点に立った地域の社会教育振興に取り組むことが重要」。つまり，社会教育主事には，社会教育行政だけでなく，多様な主体による地域課題を解決する取組を，「学びのオーガナイザー」として牽引する役割が期待されている。

(2) 行政による地域人材の育成

　人口減少，高齢化，都市化，ライフスタイルの多様化等の社会の変化を背景に，前述したように，地域では人々のつながりが希薄になったり，街のにぎわいに陰りが生じたりするなどといった問題に直面している。今日，社会教育行政には，地域の様々な問題の解決に主体的に参画する人材を育成するとともに，地域住民同士の絆づくりを進める活動等を通して，地域の活性化を図っていくことが強く期待されている。

　行政が機会を提供する地域人材の育成の主なものとしては，幅広い地域住民を対象とした社会教育事業としての講座の開設がある。公民館等で開設される市民大学やボランティア講座，あるいは，郷土史・郷土料理，環境・健康・福祉等の地域課題に関する講座等では，開設の狙いとして，講座修了後に受講者の地域参加を促す意図が含まれていることが多い。また何回かに及ぶ継続的な受講を通して，受講者同士の人間関係が生まれ，地域活動に入りやすい環境がつくられる。優れた講座の設計とその実施は，学びを通して地域人材を育てる方策の本流に位置付く。講座以外にも，単発あるいは継続のイベントも同様の効果が期待できる。

●参考：市民大学修了生のその後

　埼玉県東部に位置する春日部市。「庄和地区市民大学」は，各学年の入学者平均約15名で２年制である。学生数が少ないことが結果的に濃い人間関係を生み出している。年間約30回の開催で，講義のほか体験学習が多く含まれている。そのうち何回かは公開講座としている。特に特徴的なのは，４回連続のディベート演習と，最終回に行われる修了発表会である。狙いはコミュニケーション能力と意思表示能力の向上である。修了後，修了生の多くは自主組織「学友会」に入る。会員はウォーキング，ハイキング，囲碁など各種のサークルで楽しむほか，市民大学の運営支援，公民館まつりへの参加などをする。かつてあった「ボランティア部」は十数年の活動を経て，NPO法人「庄和ふる里を守る会」の設立に至り，一般市民も参加する組織に移行し，地域の自然環境の保全に大きな役割を果たしている。また修了生の中には市の生涯学習市民推進員として活動する人たちもいる。会員の活動は月刊の『学友会だより』に随時紹介され，情報が共有される。講座修了生が地域人材として地域に根付いた活動を続けている好例である。

●参考：絆をテーマに「サロマでしゃべろ場」

> オホーツク海とサロマ湖に臨む佐呂間町。平成15（2003）年に社会教育委員の発案で，地元高校生と大人が対等な立場で本音を語り合う場として「サロマでしゃべろ場」が設けられた。年に２回実施，高校生と大人合わせて30名ほどの参加がある。会場は地元の高校や町民センター。午前中は全員での昼食準備，昼食を挟み午後は少人数のグループに分かれての話合い。テーマは，いのち，いじめ，人間関係，性，SNSなど。実施に当たっては高校生，しゃべろ場OB，社会教育委員で構成する運営委員会を設け，話合いのテーマや進め方等を検討する。高校生と大人が平たい関係を築き，率直に話し合う中で人間としての学びの場，成長の場となっている。「しゃべろ場」OBの中から，18歳の社会教育委員をはじめ，４名の社会教育委員が誕生している。

　既に地域で何らかの活動を行っている地域人材を対象とした研修機会としては，地域リーダー養成講座等がある。養成講座では，講義・演習・事例学習等を通して，地域人材としての資質を高めている。また，公民館ではかなりの数の学習サークルが活動しているが，公民館によってはサークルリーダー研修会やサークル指導者研修会を実施して，サークル活動の望ましい在り方について協議し，サークル運営に資する機会を設けている。

　このように講座や研修等へ参加した人々が，その学んだ成果を地域での活動へ生かしていく場合，もちろん個人の活動として実践していくこともできるが，地域に存在する組織や団体に参加して共に活動することで，その成果をより広範な地域へと広めていくこともできる。地域人材の活動の受入れ先にもなり，また地域づくりにおける行政のパートナーともなり得る地域団体の活動を支援することは，社会教育行政の役割と言える。例えば，社会教育行政は，地域で社会教育活動を行う団体，すなわち社会教育関係団体に対して補助金を交付したり，団体の求めに応じて助言を行ったりするなどで，地域での活動を支援している（社会教育法第11条及び13条参照）。また，地方公共団体によっては，公民館等の施設利用料について減免措置を設け，活動を積極的に支援している。また，社会教育主事は，社会教育関係団体の活動に対して，専門的技術的な助言や指導をすることで，地域の教育力全体を底上げする役割を担っている（社会教育法第９条の３参照）。

　地域人材の育成は，行政の力だけでできるものではなく，地域の団体や個人の協力が欠かせない。実際に，公民館等で行われている講座では，企画・運営委員の役割，講座の中での実践事例の紹介や体験活動の支援などを地域の団体・個人が担っている例が少なくない。また，講座の受講者が，受講後に地域活動をしてみたいと希望して

も，その受け入れの態勢が地域の各種団体等で用意できていなければ，地域人材育成の効果は限定的とならざるをえないだろう。行政と地域団体・個人が協力して，地域人材の育成に関わっていくことが重要である。

(3) 地域団体の課題

　最後に，地域団体の課題について考えてみよう。

　まちづくりや防災対策で耳にする言葉に「三助」，つまり「自助・共助・公助」がある。社会教育でいえば，「自助」は団体独自の適切な運営努力を指し，「共助」は地域の団体・個人間の連携・協力を指し，そして「公助」は行政の諸施策を指す。地域の団体は，「自助」「共助」として，活動の活性化と地域人材の取り込みを進めている。

　地方公共団体によっては，社会教育に関する活動を行うことを主な目的とし，自主的な運営を行う団体で一定の申請要件を満たす団体，すなわち「社会教育関係団体」を，登録団体として認定しているところもある。登録団体の実際は，文化・スポーツ団体，青少年育成団体，ボランティア団体，国際交流団体，PTA，公民館学習サークルなど，多岐にわたっており，地域の社会教育活動の推進役として，大きな力を発揮している。

●参考：社会教育関係団体

> 　社会教育関係団体とは，法人であると否とを問わず，公の支配に属しない団体で社会教育に関する事業を行うことを主たる目的とするものをいう。(社会教育法第10条)

　これらの団体の中には，メンバー同士が役割を分担し，学び合いの気持ちを大切にしながら長年にわたって活動を積み上げてきた団体も多い。その実績は大いに評価される。一方で，運営上の問題点を抱えたまま今日に至っている団体も少なくない。例えば，運営を行政に頼りきりにしている団体，活動内容が次第に増えて，それが会員にとって重荷になっている団体，活動のマンネリ化が続いている団体，会員の高齢化や人間関係の問題を抱えて会員数の減少が止まらない団体，お金の出入りを一部の人だけが把握している団体などである。

　これらの社会教育関係団体の運営上の課題を引き出すために，平成10（1998）年施行の「特定非営利活動促進法」により法人格を得たNPOの運営を参考に見てみよう。地域で優れた実践をしているNPOでは，およそ次の3点で特色が見られる。一

つは社会的使命（mission）を重視していること。その団体がどのような地域課題の解決に寄与しようとしているかをメンバーが共通理解している。二つには，マネジメントのPDCAサイクルをしっかり回していること。とくにC（Check評価）とA（Action改善）を軽んじない姿勢が目立つ。NPOで言われる言葉に「リトリート」（retreat）というものがある。これは，例えば半年ごと，一年ごとのように時期を決めて，定期的に時間をかけて，これまでの活動を振り返り，次の活動に生かすアイデアを練ることをいう。三つには，情報を積極的に公開し，活動・運営の透明性を高めること。メンバーはもちろんだが，地域の人々に向けて情報を積極的に公開することで，他の団体との連携のきっかけをつくり，地域の人々からの信頼も得ている。

　社会教育関係団体には，比較的新しい制度によるNPOの優れた活動から示唆を得ながら，自らの工夫で，活動をより魅力的に，また地域人材が活動しやすいように改善の努力を続けることが期待される。

　社会教育行政も，社会教育に関わる地域団体も，最終的に目指すものは共通しており，それは，地域の人々の幸せ，元気，生きがいであり，また，それを可能にする持続的な地域の活力である。まちづくりの担い手である地域人材のつながりの強化，活動環境の改善，潜在的な地域人材の活動参加の促進等の地域課題の解決を通して，社会教育が人々の幸せに貢献できる余地はまだ大きい。

（野島　正也）

Ⅱ　コーディネーターの役割，必要な知識・技術

1　社会教育を推進するコーディネーターの役割

(1) コーディネートとは

　社会教育領域では様々な名称のコーディネーターが活躍している。まず，それらのコーディネーターに期待されている機能からコーディネートとはどのようなものかを考えてみよう。

　コーディネート機能の必要性が言われて久しいが，定義されないまま使われていることが多い。ここでは，社会教育領域のコーディネートを次のように定義する。

> 社会教育領域のコーディネート：人（機関・団体を含む，以下同じ）と情報，人と人，人と学習資源を適切に結びつける「調整」のこと。

　このような定義に基づき様々なコーディネートの場面を整理すると，コーディネート機能は「マッチングに際しての調整」，「企画・設計に際しての調整」，「マッチングかつ企画・設計に際しての調整」の３種類に大別できる（次頁の【参考】を参照）。ここいうマッチングとは異なる複数の人と情報，人と人，人と学習資源を適合させ紹介・仲介することとする。ただし，紹介・仲介するといっても関わる人々の意志を尊重する必要があるので，コーディネーターの提案を選択するかどうかの最終的な判断はコーディネーターではなく当該コーディネートに関わる人，言い換えればコーディネートの対象となる人に委ねることになる。

　上記のコーディネート機能について，例を挙げて説明すると次のようになる。

【マッチングに際しての調整の例】

　人々のニーズや要望に応えるよう，人と人，人と学習資源をマッチングさせ，適切な情報を提供したりする場合で，協力者を求めている団体等にそのニーズにあった協力者を紹介することなどが挙げられる。

【企画・設計に際しての調整の例】

　社会教育事業等を企画・設計する際に，人，情報，学習資源を組み合わせてデザインしたりする場合で，共催事業を行ったりするときに協力や参画を希望する団体を結びつけたり，役割分担を行ったりすることなどが挙げられる。

【マッチングかつ企画・設計に際しての調整の例】

　条件にあった協力者を紹介・仲介した上で，役割分担を決めて事業を行う場合などが挙げられる。

● 参考：コーディネート

> 　コーディネートの用語に最も意味が近いのが「調整」等であろう。ただし，単なる「調整」とも異なる。そこで，生涯学習関連，社会教育関連の国の答申等で「コーディネート」「コーディネーター」といった用語が使われている文脈からその使われ方を整理すると，「情報提供」「マッチング」「相談（指導・助言を含む）」「企画・設計」等との関係で調整が求められる時に使われている[1]。
> 　コーディネート機能
> 　＝{(情報提供，マッチング，相談（指導・助言を含む），企画・設計) ∞調整}
> 　　　　　ただし，∞は「結合」を意味する[2]。
>
> 　「情報提供」はマッチングに含まれ，「相談（指導・助言を含む）」は一部がマッチングに，一部が企画・設計に含まれるので，それを整理すると次のようになる。
> 　コーディネート機能
> 　＝{(マッチング，企画・設計) ∞調整}
> 　＝{(マッチング∞調整)，(企画・設計∞調整)，(マッチング・企画・設計∞調整)}

(2) コーディネーターが必要とされる理由

　近年，様々な領域でコーディネート機能やコーディネーターの必要性が指摘されている。それは社会教育領域にあっても例外ではない。その主な理由として，次のようなことが挙げられる。

　1）人々のニーズや生活条件等が多様化，複雑化する中で，それぞれのニーズや生活条件等に合った学習支援を行うためには，ニーズや生活条件等と教育・学習資源との最適な組み合わせを可能にするコーディネートが求められている。

　2）社会教育事業も地域の課題解決に何らかの形で貢献するものであることが社会から要請されている。しかし，社会は複雑化しており個々の機関，施設，団体等で地域課題に対応することは難しくなっている。そのため，多様な機関，施設，

---

[1] 浅井経子「生涯学習支援に求められる技術の開発」日本生涯教育学会年報第25号，2004年，pp. 16-21
[2] 山本恒夫「事象と関係の理論」添付資料p. 22，平成25（2013）年登録，日本生涯教育学会『生涯学習研究e事典』所収，http://ejiten.javea.or.jp/contentf975.html

団体，人々が参画する連携・協力・協働が推進されているが，連携・協力・協働の際には関係する機関，施設，団体，人を調整するコーディネート機能やコーディネーターが必要不可欠となっている。

(3) 社会教育領域の様々なコーディネーター

　社会教育領域で活躍しているコーディネーターの名称は地域によって異なり，活動も多様である。しかも，必ずしもコーディネーターという名称がつかなくても，コーディネート機能が求められる指導者や機関，施設も多い。

　社会教育領域で最も多く見られるのが，学校・家庭との協働や学校支援の関わりで配置されているコーディネーターである。その名称は様々で，社会教育コーディネーター，地域教育コーディネーター，学校教育コーディネーター，教育コーディネーター，地域コーディネーターなどと呼ばれたりしている。これらのコーディネーターの役割には社会教育法でいう「地域学校協働活動推進員」の役割に相当するものが多い（「地域学校協働活動推進員」については本書第6章のⅠを参照のこと）。

　主な活動としては学校の要望にあった地域人材を探して紹介したり，学校の要望と地域課題に応じたイベントを夏休みに企画したり，放課後子供教室でプログラムを企画したり，家庭教育支援チームに参画して保護者対象の学習機会の提供や居場所づくりを行ったりしている。また，それらの活動を行うために日頃から地域人材や学習資源に関わる情報を収集したり，協力者を得るために多様な団体や機関，人々とネットワークをつくったりしている。

　家庭教育支援関係のコーディネーターについては，家庭教育支援コーディネーター，地域子育てコーディネーター等と呼ばれるコーディネーターを置いている地域もあれば，上記の地域学校協働に関わるコーディネーターがそれを兼ねている地域もある。家庭教育支援関係のコーディネーターは保護者同士の交流の場や保護者の学習機会を提供したり，家庭訪問して保護者の相談に乗ったりしている。

　なお，社会教育以外の教育領域でも，キャリア教育コーディネーター，特別支援教育コーディネーター，地域日本語教育コーディネーター，地域環境教育コーディネーターといったコーディネーターが置かれたりしている。

2　コーディネーターに必要とされる知識・技術

　社会教育領域のコーディネーターには，上述したように，マッチングに際しての調整能力や企画・設計に際しての調整能力が求められる。また，コーディネートするた

めに日頃から地域情報を収集して地域に精通している必要があるし，紹介・仲介する際にはコミュニケーション能力も必要になる。さらに，イベントなどを企画したりすることもあるので，地域人材や学習資源を組み合わせる構想力や企画力などを身に付けておくことが望まれる。

　そのように考えると，コーディネーターに必要とされる主な知識・技術としては，

① 　コーディネートに関する知識と技術

② 　地域情報の収集・処理・提供に関する知識と技術（著作権，個人情報保護等についての知識を含む）

③ 　コミュニケーションに関する知識と技術

④ 　企画・立案に関する知識と技術

⑤ 　基礎領域としての，社会教育・生涯学習，家庭教育，人権，ネットワーク形成・
　　診断等についての基礎知識，子供に関わる場合には青少年心理等についての知識
などが挙げられ，これらは相互に関連付けられてコーディネート能力として機能することになる。それを示したものが，図1である。

　次に，これらの知識・技術について簡単に説明しておこう。

① 　コーディネートに関する知識と技術

　社会教育領域のコーディネートに関する知識と技術については，次の四つの条件を満たすように調整することが挙げられる。

1）関わる人に対して，活動の目的，意義，目標，そこでの立場や役割等についての
　　自覚を促し，モチベーションを高めるよう努める。最適な組み合わせをコーディ
　　ネートしたとしても，関わる人は何らかの負担を引き受けることになり，ときには

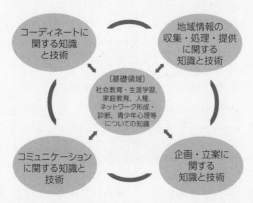

図1　社会教育領域のコーディネーターに求められる主な知識・技術

苦労と感じることもある。しかし，その活動に意義を感じ，活動を通して自分の存在意義も自覚できれば，苦労を越えるやりがいや生きがいを感じるものである。

2）複数の人が関わる場合，メリット，デメリットが偏在しないようにする

　　特定の人にメリットが偏在すると，デメリットや負担を被った人から不満が生じ，協力関係を維持できなくなったりする。誰もが何かを負担し，何かを得るように配慮する必要がある。

3）現状以上の状態を全ての関わる人に保証するようにする[3]

　　メリット，デメリットが偏在しないように努めるといっても，完璧にその状態を作ることは現実にはあり得ない。多少の不公平感が残ったとしても全ての関わる人に関わる前の状態よりも良い状態になることを保証するのであれば，人々はその活動に参画するに違いない。良い状態には充実感が得られるといった精神的な価値も含まれる。

4）それ以上改善の余地のない状態を選ぶようにする[4]

　　上記の2）や3）の条件を満たす調整結果が複数存在する場合，関わる人のメリットや活動の目的に照らして最も良いケースを選択することが大事である。

　　これらの四つの事項のほか，調整に当たって関わる人の間で不公平感をなくすようにすることは極めて大事である。例えば，関わる人が複数いる場合，一方の人にだけ多くの情報を提供し他方の人には提供しないといったことがあると，情報が提供されなかった人はひどく不公平感を感じて不満を持つようになるであろう。情報提供には偏りがないように配慮する必要がある。しかし，個人情報やプライバシーに関わったりする情報もあり，いつでも公平に情報提供すればよいというものでもないので高度な判断がコーディネーターには求められる。

② 地域情報の収集・処理・提供に関する知識と技術

　　社会教育領域のコーディネーターが必要とする地域情報は，地域に居住する地域人材であったり身近なところにある学習資源であったりすることが多い。そのため日頃から地域情報を収集し，それをいつでも使えるように整理し，求めに応じて提供できるようにする必要がある。情報発信すると情報が自然と集まってくるといわれるように，情報の収集に当たっては自ら情報を発信することも大事なので，活動内容をチラシやブログなどで積極的に発信することが望まれる。

---

[3] この条件は，ゲーム理論の「交渉問題」における個人合理性の公準に依拠している。
[4] この条件は，ゲーム理論の「交渉問題」におけるパレート最適性の公準に依拠している。

その際には，著作権，肖像権の侵害と，個人情報保護等にくれぐれも気を付ける必要がある。日頃からそれらについても学んでおくとよいであろう。

③　コミュニケーションに関する知識の技術

社会教育領域のコーディネーターは人に関わって調整を行うので，関わる人の要望をよく聞き，適切な案を提示・説明できるコミュニケーション能力が必要である。

④　企画・立案に関する知識や技術

コーディネートは調整することといっても，コーディネーターは機械的に調整するのではなく，コーディネートしたことによりどのような状態が生じるかを構想したり予測したりしながらコーディネートすることになる。それは企画力とでもいえる能力であろう。また，コーディネーターが地域の学習資源を組み合わせて，放課後子供教室でプログラムを作成したり夏休みに校庭を使って地域の人々が参加できるイベントを開催したりする例もある。そのような意味で，プログラム立案の仕方等を身に付けておくと役立つこともあるに違いない。

⑤　基礎領域

社会教育領域のコーディネーターであれば社会教育や生涯学習についての基礎知識や地域の取組についての知識を有していることが望まれる。そのほか，子供に関わるのであれば青少年の心理や発達についての基礎知識を，学校支援に関わるのであれば学校や教育委員会の組織や仕組み，ルールについての基礎知識を身に付けておくとよいであろう。

(2)　コーディネーター養成・研修

各地方公共団体は様々なプログラムを組んで，コーディネーター養成・研修のための講座を実施している。コーディネーターに期待される役割が多様であることもあり，多くはコーディネートの理論よりも過去の実践や経験から学ぶ事例紹介等を中心としたプログラムになっているように思われる。上述したコーディネーターに求められる知識・技術に基づいて養成・研修講座をプログラムし実施することは今後の課題であろう[5]。

（浅井　経子）

---

[5] コーディネートの理論に基づいた養成・研修講座としては，一般財団法人 社会通信教育協会『生涯学習コーディネーター研修』（社会通信教育）が挙げられる。

第5章
学習成果の評価と活用の実際

Ⅰ　学習評価と学習成果の評価・認証

1　学習評価の内容と手順

(1) 学習評価の目的と機能

　学習評価とは，個々の学習者がそれぞれの学習目標をどの程度達成したかを確かめるために，情報や証拠を集め，その達成度を判断すること，または，その過程全体のことである[1]。このうち，評価の対象を学習成果に特化して，修了証，認定証，資格，免許状等を付与する評価を学習成果の評価という。

　学習評価を行う目的には，次の3点を挙げることができる[2]。

　1）学習プログラムの作成者や実施者がプログラムの改良，充実を図ること。

　2）学習者が自らの学習の向上を図ること。

　3）学習者が学習成果を活用し得るようにすること。

　学習評価は学習者の学習目標に基づいて行われる評価であり，その目的は2）や3）のように学習者のために行われるものだけではなく，1）のように学習プログラムの作成者や実施者などに関わることもある。

　これらを実現する学習評価には，次のような働きが求められる[3]。

　1）学習プログラムの改良，充実に役立つ資料を提供すること。（例えば，プログラムによる効果，学習目標の達成に効果的であったプログラムの構成要素，プログラムに対する学習者のレディネスや反応等の資料）

　2）学習者が学習の状況を確認する資料，学習の内容や方法を修正，改善するための資料を提供すること。（例えば，学習内容の理解や習得などの状況が分かる資料，学習に関わる意向などに関わる資料等）

　3）学習者の学習の励みになること。学習意欲の向上，学習へのさらなる動機付け，学習集団のモラールの向上を図ること。

　4）学習者の職業の選択や，社会参加の際の資料を提供すること。

---

[1] 山本恒夫「生涯学習の評価・認証」，浅井経子編『生涯学習概論─生涯学習社会への道─（増補改訂版）』理想社，2013年，p. 189に加筆して引用。

[2] 山本恒夫「学習評価の内容と方法」国立教育政策研究所社会教育実践研究センター『社会教育計画ハンドブック』2009年，p. 110を参考にした。

[3] 同，pp. 110-111を基にした。

５）社会や企業等が人材を採用する際や，学習成果を活用する際の資料を提供すること。

(2) 学習評価の内容と方法
ア　学習評価の内容

学習評価の内容は，先に述べた１）〜３）の学習評価の目的に沿っていうと，プログラムの改良や充実を図ることに資する内容，学習者自らの学習の向上に資する内容，学習成果の活用に資する内容であることが求められる。

主として社会教育事業の提供者によって行われるプログラムの改良や充実を図ることを目的とした学習評価の内容には次のような項目がある[4]。

a　参加者の態度や反応に関して

b　知識・技術水準に関して

c　理解，意見・態度に関して

d　一般的な成果に関して（出席状況など）

また，学習者の学習の向上に資する学習評価の内容は，学習内容によって異なる。この評価は，主として学習者自身が行うものなので，学習者の自己評価の方法を示すと次のようになる[5]。

a　望ましい行動様式や能力等についてのモデルの設定

b　それらの行動様式や能力等についての自己の現在の水準の評価

c　モデルと自己の現在の水準の差の評価

なお，これらの評価には，モデル設定の難しさや評価の客観性の確保の点に課題もある。

さらに，学習成果の活用に資する学習評価の内容も，学習内容によって異なり，また，どのような場面で学習成果が活用されるかによっても異なる。例えば，学習した実績（時間や回数など）の評価で学習成果の活用が可能な場合，知識や技術等の習得状況について試験や検定などで認定されることで学習成果を活用する場合もある。

イ　学習評価の方法[6]

学習評価の方法は，学習評価の主体，評価技法，評価時期などによっていくつか

---

[4] 同，p. 111。

[5] 同上

[6] 同，pp. 112-114を基に，一部加筆した。

に分類される。

a　学習評価の主体による分類

　自己評価は，学習者自身が自分の学習について評価することである。それに対して，他者評価は，学習者以外の者が行う評価のことで，社会教育事業の提供者や学習プログラムの作成者や講師，学習成果の認定機関などが行う。学習者が相互に評価する場合も含まれる。

b　評価技法による分類

　評価技法による分類には，集団討議法，知識テスト法，応用能力テスト法，判断能力テスト法，態度テスト法，観察法などがある。

　知識テスト法は，知識の習得度を測定する方法で，正誤問題や穴埋め問題などに解答する形式をとる。応用能力テスト法は，実例や応用問題を用いて習得した知識，技術等の応用能力を測定する方法で，正誤問題や記述式問題などの解答や，実技等によって行われる。判断能力テスト法は，知識テスト法と応用能力テスト法を合わせたもので，習得した知識を用いて想定された具体的な場面における判断能力を問う方法である。態度テスト法は，態度変容があったかどうかを測定する方法で，学習の前後に同質の態度テストを行う。観察法は，学習者の学習，実演，競技などを指導者や専門家が観察によって行う方法である。

c　評価時期による分類

　評価の時期による分類では，主に学習の途中で行う評価と，学習の終了後に行う評価がある。学習の途中で行う評価は，毎回の学習時や学習後など所定の学習の中途に，学習がどのように行われたかについて評価するものである。これによって，学習プログラムの提供者は，必要に応じてプログラムを修正することができ，また，学習者は自身の学習状況の確認や必要に応じて学習の軌道修正が可能となる。

　これとともに，所定の学習が終了したときに行う評価は，学習の総括的評価と言われる。総括的評価は，所定の学習によって目標を達成できたかを判断するものである。提供される学習プログラム等によっては，目標を達成していると，単位，修了証，免状，資格，称号，学位などが付与される。

（原　義彦）

2　学習成果の評価の意義

(1)　学習成果の評価・認証と政策

　「学習成果の評価」という用語は政策の中で使われた用語であることもあり厳密な定義があるわけではないが，一般には，学習した成果が広く社会で認められるように，一定基準・条件を満たした学習成果に対して修了証，認定証，資格，単位，賞等を付与する評価をいう。「学習成果の評価・認証」ということもあるが，「認証」といった場合は第三者機関が「学習成果の評価ないしは認定を対象とし，その正当性を認めること」とされている[1]。ここでは両者を区別して説明しているところ以外は，学習成果の認証を含めて「学習成果の評価」と呼ぶことにする。

　「学習成果の評価」の用語がよく使われるようになったのは平成期に入り生涯学習推進体制づくりが言われるようになってからである。学習した成果についての社会的な評価の意味で使われることが多く，その意味で「学習成果の評価」は学習評価の中の他者による評価ということができる。

　「学習成果の評価」に関わる政策としては主に次のものが挙げられる。

○　修了証，認定証，資格，単位，賞等を付与したり，修了証や単位の累積したものを認証したりする。

　　修了証を発行している生涯学習センターや公民館もあるし，資格についていえば民間資格以外にも多くの公的資格等がある。表彰についても同様で，芸術・文化関係の賞やスポーツ競技の賞等，多様なものがある。例えば青森県民カレッジは，主催講座や連携講座等での1時間の学習ごとに1単位が付与され，100単位で認証を受けることができ，さらに1000単位ごとに奨励賞が付与される仕組みになっている。連携機関数は平成31（2019）年3月現在で726にも上っている。

○　資格や検定等の質や公正性を保証するために，資格・検定団体を対象に第三者評価を行ったり認証したりする。それによりその有資格者や検定合格者の獲得した知識・技術が社会で適切に評価され活用されることを図っている。

　上記のほかに学習成果の評価との関係でよく取り上げられるものに生涯学習パス

---

[1]　山本恒夫「学習成果の評価」浅井経子・合田隆史・原義彦・山本恒夫編著『社会教育経営論－新たな系の創造を目指して－』理想社，2020年，山本恒夫「学習成果の評価・認証」浅井経子編著『生涯学習概論－生涯学習社会への道－』理想社，2010年等を参照。

ポート（学習記録票）がある。これは修了証等の学習成果の評価に関わる証拠資料やレポート等を記録しファイルしておくもので，学習成果の評価に関係はあるものの評価そのものではないので，本書では次節で取り上げる。

(2) 学習成果の評価と生涯学習社会

このような「学習成果の評価」の主な意義として，次のことが挙げられる。

○　学習者は評価結果を見て，自分の学習活動を改善することができる。

○　学習活動に取り組むインセンティブになる。明確な学習目標になるので，学習活動に取り組みやすい。

○　地域課題の解決に役立てることができる。学習成果の評価が学習活動に取り組むインセンティブになることに着目し，学習成果の評価の仕組みを作ることで学習活動を推進し地域課題の解決に役立てようとする地方公共団体も見られる。例として，神奈川県大和市の「健康都市大学」や「ヤマトン健康ポイント」を挙げることができる（下記を参照）。ポイントの獲得を狙って市民が学習活動やスポーツ活動に励み健康が維持・向上するのであれば，健康づくりという地域課題の解決につながることになる。人生100年時代にあって，医療費等の削減にも寄与するに違いない。

【事例】

神奈川県大和市は平成21（2009）年2月に「健康都市 やまと」を宣言し，市をあげて健康づくり習慣化支援を実施している。その一環としてスタートしたのが，「ヤマトン健康ポイント」（健康福祉部）である。「ヤマトン健康ポイント」とは，対象事業の教室や講演会，体操やスポーツ活動，交流会等に参加し，20ポイントを貯めて応募すると，抽選でお米またはカタログギフトが当たり，さらに1年間の応募者の中から40代，50代，60代，70代，80代以上の各年代5名ずつに抽選で1万円のQUOカード[2]が当たるというものである[3]。

また，「健康都市大学」（文化スポーツ部）は講座を受講すると大学受講ポイントが付与され，20ポイント以上貯まると修了証が年度末に授与されるが，講座の一部が「ヤマトン健康ポイント」の対象となっている。ポイント付与の仕組みは，市民にとっての学習活動やスポーツ活動への励みになるばかりでなく，健康づくりという地域課題の解決に資するものになっている。

[2] QUOカードは，株式会社QUOカードの登録商標または商標である。
[3] 神奈川県大和市『健康都市大学ガイドブック2019』2019年4月，大和市サイト「ヤマトン健康ポイント」（http://www.city.yamato.lg.jp/web/kenko/kenkopoint.html）

○　学習成果の評価結果は学習した成果を証明するものなので，学習成果を社会で生かして活動しようとするときに役立つ。社会の側からみれば，人々の社会参画・参加を促進させる機能を果たすものということになる。これまで生涯学習政策の中で学習成果の評価の仕組みづくりが度々取り上げられてきたが，人々が学習成果を活用して社会に参画・参加できるようにすることを意図したケースが多い。職業で必須とされているような資格やショパン・コンクールでの受賞の例を考えればわかりやすいであろう。教員免許状のように資格を有していないと職業につけない職種がいくつも存在する。ショパン・コンクールのように，受賞することによって国際的評価が得られ，社会で活躍できるようになる表彰も数多くある。

　平成18（2006）年に教育基本法が改正され，教育基本法第3条には「生涯学習の理念」として「国民一人一人が，自己の人格を磨き，豊かな人生を送ることができるよう，その生涯にわたって，あらゆる機会に，あらゆる場所において学習することができ，その成果を適切に生かすことのできる社会の実現が図られなければならない」と謳われた。これにより，我が国は生涯学習社会の実現を目指すことが法的にも明示されたが，そこで示された生涯学習社会とは生涯にわたって学習することができるだけでなく，学習成果を生かすことができる社会である。従って，生涯学習社会を実現させるためには学習機会や学習場所を整備することのみならず，学習成果の活用支援の整備も必要不可欠なものとなった。その学習成果の活用支援の一つが仕組みづくりを含む学習成果の評価サービスであり，教育基本法第3条の「その成果を適切に生かすことのできる」という表現には学習成果の評価に関わる仕組みづくりの整備が含まれるとされている[4]。

　図Ⅰは生涯学習社会の構造を人々の学習活動・学習成果を生かした活動とそれを支援する環境整備の面から示したものである。環境整備の中の一つが青字で記した「学習成果の評価・認証」である。

---

[4]　田中壮一郎監修，教育基本法研究会編著『逐条解説　改正教育基本法』第一法規，p. 65等を参照。

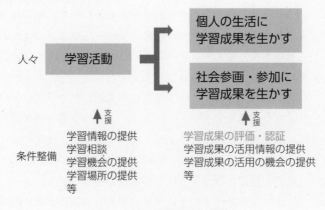

図1　生涯学習社会の構造

3　学習成果の評価・認証の仕組み

(1)「学習成果の評価」と「学習成果の認証」

　「学習成果の評価」と「学習成果の認証」の関係はあいまいで，必ずしも区別して説明できるものではないが，あえて両者を区別して仕組みと機能を図で表すと，図2のようになる。中央の円は「学習成果の評価」と「学習成果の認証」の関係を示している。修了証や単位等の学習成果の評価の結果を累積したり定められたプログラムを修了したりした成果を認証機関に申請し，一定基準に照らしてそれが認められれば認証されることになる。認証されると「〇〇博士」等といった称号や「〇〇コーディネーター」「〇〇リーダー」「〇〇サポーター」等の資格が付与されるケースもある。認証機関には公的機関，民間機関，大学等様々である。

　「生涯学習パスポート」と認証が結合した制度もある。ある市では「生涯学習パスポート」に学習成果のポイントを貯めそれを申請すれば奨励賞が付与される。その奨励賞の付与は一種の認証である。

　「学習成果の評価・認証」の仕組みの整備は学習成果を生かして社会で活動したいと考えている学習者の側からみれば学習成果を活用するためのサービスの整備である。それだけでなく，検定試験に合格したり単位を取得し貯めたりすることに楽しみややりがいを感じる人もいて，そのような人にとってもサービスの整備になるであろう。

　一方，「学習成果の評価・認証」は社会の側からみれば，図2に示したように，学

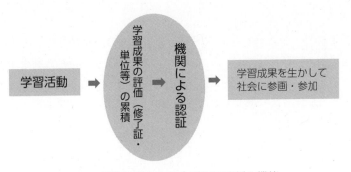

図2　学習成果の評価と認証の関係と機能

習活動と学習成果を生かした社会参画・参加とを媒介し，人々の社会参画・参加活動を促進させる機能を果たすものということができる。少子高齢化，人口減少が進む中で，人々の社会参画・参加は社会の活性化のために必要なものとされており，生涯学習推進・社会教育推進領域でもそれが期待されている。特に行政にあっては，限られた財源の中で学習支援を行わねばならず社会的なアウトカムが求められている。

　学習成果の評価が学習者の社会参画・参加を促進するといってもそれはその際の一つの資料にすぎず，ましてや生涯学習に学習成果の評価が強制的に行われてはならないし，評価結果が学習者をランク付けするようなことがあってはならないであろう。そのようなことを危ぶみ，学習成果の評価の仕組みづくりに対して自由な生涯学習を損なうとして疑問視する意見もある。そこで山本は学習成果の評価三原則を提唱した。

●参考：学習成果の評価三原則

「学習成果の評価三原則」
ⅰ　評価からの自由の原則……学習成果の評価を求めるかどうかは学習者の自由である。強制的に行うものではなく，学習者の求めに応じて行うものである。
ⅱ　評価独立の原則……学習成果の評価は学習機会の提供，学習成果の活用から切り離して行うものである。学習成果の評価を求めない人もいるので，講座の閉会式等で修了証を交付しないようにして，学習機会から独立させることが望まれる。また，学習成果の評価と学習成果の活用は直接結びつくものではない。
ⅲ　人物評価排除の原則……学習成果の評価は学習した成果についての評価であるので，人物評価等は含めない。
（出典：山本恒夫『21世紀生涯学習への招待』協同出版，2001年，pp. 111-112等を参照）

（2）検定団体の評価・認証

　学習成果の評価・認証の社会的信用を高めるために，評価・認証団体の第三者評価・認証が試行されたり検討されたりしている。これまで具体的に検討されてきたのは検定団体である。検定団体の多くは民間団体であり，検定事業の企画・運営の在り方は様々である。検定には様々なものがあるが，人気の高い検定も多く，しかも大学入試の際に優遇される検定もある。

　そのようなこともあって，社会が安心して検定結果を受け入れることができるように検定が公正に行われているか，質を維持しているか，暴利に走っていないか，検定機関の経営は安定しているかなどを評価・認証するというものである。これまで，ガイドラインが作られたり[5]，文部科学省のサイトに検定団体が自己評価を行うような仕組みがアップされたりしてきた。また，第三者評価機関によって検定団体の評価・認証も行われている。

（浅井　経子）

---

[5]　文部科学省生涯学習政策局「検定事業者による自己評価・情報公開・第三者評価ガイドライン」2017年10月，同「『検定試験の評価ガイドライン（試案）』について（これまでの検討と整理）」2008年10月等。

Ⅱ　学習成果の活用

1　学習成果の活用の意義，仕組み

(1)「学習成果の活用」をめぐる提言・政策の展開

　「学んだ成果を何かに生かす」ということは，一見すれば当たり前のことのように思える。しかし，そのことが社会教育行政の中で明確な政策課題として注目されるようになったのは，それほど古いことではない。

　第二次世界大戦直後の制度改革で社会教育行政が整備されていった時期において，行政が関わる社会教育は，人々の不十分な教育水準を向上させることや，学習した内容を地域の生活や産業に反映させることを自明の目的としていた。しかし，その後の高度経済成長期において人々の教育水準は向上し，地域社会においても人々の生活や職業は多様化していった。それに応じて，社会教育による学習の目的も多様化，拡散していった。これに伴って，どのような学習の成果をどのように活用していくのかということが，地方公共団体の行う社会教育事業にとって必ずしも自明なものではなくなってきた。このようにして，「学習成果の活用」の在り方を改めて考える必要が浮上してきたのである。

　政策課題としての「学習成果の活用」は当初，「学習成果の評価」という課題の一部として位置付けられていた。臨時教育審議会第三次答申（昭和62［1987］年4月）では，学歴偏重を改め，学習成果の評価を多元化していくことが提言されるとともに，高齢者の能力の活用，ボランティア活動の機会の整備などが，「学習成果の活用」に関わる提言として示されている。また平成4（1992）年7月に提出された生涯学習審議会答申「今後の社会の動向に対応した生涯学習の振興方策について」では，生涯学習振興方策の重点的課題の一つとして，ボランティア活動の推進が掲げられ，学習の成果をボランティア活動で活用できるような環境の整備が提言されている。

　その後，「評価」との関連は意識されつつも，「活用」そのものに重点を置いた提言が，1990年代後半から示されるようになってきた。その代表的な例は，平成11（1999）年6月の生涯学習審議会答申「学習の成果を幅広く生かす―生涯学習の成果を生かすための方策について―」であろう。この答申は，それまでの政策提言の流れを踏まえつつ，「学習成果の活用」を政策目的として重視すべきことをまとまった形で明確に提言したものであった。この答申では，学習成果の活用を推進するための

方策として，「生涯学習パスポート」や「学習成果の社会的な認証システム」，「総合的な学習成果活用マッチングシステム」等が提言された。また，学習成果の活用の領域としてキャリア開発，ボランティア活動，地域社会活動の三領域を挙げ，特に三つ目の領域との関連で生涯学習による地域社会の活性化を提案した。

　その背景には，この時期において深刻となってきた地方公共団体の財政難とそれに伴う社会教育行政の変化があった。学習そのものの奨励だけではなく，学習の成果が社会に対してもたらす明確な効果を示すことが，社会教育行政に求められ始めたのである。また，社会教育の多様な学習成果の「評価」を実践化，制度化するには実際的な困難が多く，それに加えて，「学習成果の評価」という発想自体に対して学習の自由という観点から反発が存在したこと，社会教育行政が密接に関わる範囲では実際には厳密な「評価」を必要としない活用事例が多かったことなども，「評価」よりも「活用」に重点がシフトしていったことの背景となっていた。

　このように社会教育による学習成果の活用に関する議論は，1990年代以降，活発になされるようになってきた。このことが法的にも明確に位置付けられたのは2000年代後半である。平成18（2006）年12月の教育基本法改正により，第3条（生涯学習の理念）では「国民一人一人が（略）あらゆる機会に，あらゆる場所において学習することができ，その成果を適切に生かすことのできる社会の実現が図られなければならない」と記され，単に多様な形の学習が可能であるだけでなく，その学習によって得られた成果の活用が適切になされ得る社会の実現，という理念が明確に示された。また，平成20（2008）年2月の中央教育審議会答申「新しい時代を切り拓く生涯学習の振興方策について　－知の循環型社会の構築を目指して－」では，個々人の学習による経験や知識が社会の中で循環することで社会全体が発展していくことを目指す理念として「知の循環型社会」が提唱され，特に，人々がその学習した成果を社会へと還元していくことが，社会全体の教育力の向上につながると論じられた。

　これらを受けて，社会教育関連法では学習成果の活用に関する規定が明確に設けられることとなった。社会教育法では平成20（2008）年6月の改正により，市町村教育委員会の事務の一つとして，社会教育における学習の成果を活用できる教育活動やその他の活動の機会を提供することなどが規定に加えられた（社会教育法第5条第1項第16号）。これと同時期の図書館法，博物館法改正においても，図書館，博物館が取り組むべき事項として同様の規定が追加された（図書館法第3条第1項第8号，博物館法第3条第1項第9号）。

　近年では，平成28（2016）年5月の中央教育審議会答申「個人の能力と可能性を

開花させ，全員参加による課題解決社会を実現するための教育の多様化と質保証の在り方について」において，社会教育施設等が多様な機関・団体と連携しつつ，地域課題の解決に資する学習機会をさらに提供していくこと，学習者を地域活動につなげるとともにさらなる発展的な学びの場も提供すること，などが提言されている。また，学習成果の活用を進めるために，検定試験や人材認証制度の利用も提言されている。

(2) 学習成果の活用と課題解決
ア　地域課題解決という目的

　　学習成果の活用が，実際に人々によってどのように意識され，実行に移されているかを，内閣府「生涯学習に関する世論調査」（平成30［2018］年7月調査）を参照して確認したい。この調査によると，「生涯学習を通して身につけた知識・技能や経験を，どのように生かしていますか」という質問（複数回答）に対して，下図のように結果が得られている。この中で，「地域や社会での活動に生かしている」という回答は21.2％にとどまる。つまり，人々が実際に行う「学習成果の活用」の大半は，個人の生活や職業の中で成果を生かすというケースなのである。

　　他方，実際に社会教育行政が関わって提供する「活用」の場は，学校支援ボランティアやその他の地域における様々なボランティア活動のように，何らかの公共的目的（特に地域課題の解決）のために活用するという事例が大半である。

　　このような動向の背景には，2000年代以降社会教育行政自体に公共的な有用性

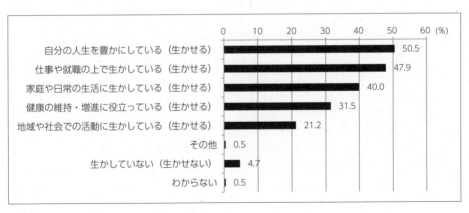

図1　生涯学習で身につけた知識の活用状況

（出典：内閣府大臣官房政府広報室「生涯学習に関する世論調査（世論調査報告書　平成30年7月調査）」URL：https://survey.gov-online.go.jp/h30/h30-gakushu/index.html）

を示すことが求められてきたということが挙げられる。また，ボランティアによって課題解決が図られる地域活動は一般的に，営利性や政治性をめぐる問題につながることが比較的少なく，社会教育行政にとって扱いやすいという点も挙げられる。さらには，職業技術の学習とその成果活用といった個人のスキルアップ，職業に直結する学習は，むしろ職業能力開発行政などの領域が深く関わるものであり，実質的には社会教育行政の守備範囲になりにくい，という事情もある。学習を行う個々人からの視点で考えれば，社会教育行政が意図し，提供する「活用」の場は，社会の中で人々が幅広く行っている「学習成果の活用」のあくまで一部をカバーするものに過ぎない，という点も理解しておく必要があろう。

イ　「学習」と「活用」の関係性

　「学習成果の活用」を素朴に捉えた場合，「学習」の後にその「活用」がなされるという時系列での発想をとりがちである。しかし，実際には「学習」の局面と「活用」の局面との間には，はるかに多様な関連がある。例えば，ある人が学習の成果をボランティア活動で活用する中で，その活動自体が当初は想定していなかった新たな学習を含む場合もある。また，ボランティア活動の経験を通じて，発展的学習へのニーズが本人の中に生まれる場合もある。

　このように，「学習」と「活用」の関係を固定的に捉えるのでなく，「活用」の中にある「学習」や，「活用」から「学習」への循環，という視点も持つことが，社会教育の観点からは不可欠である。例えば「講座の修了生を学校支援ボランティアの活動へとつなぐ」ことだけを目的とするのではなく，「そのボランティア活動で修了生たちがどのような感想を持ったのか」「ボランティア活動を通じて新たな学習ニーズが生まれているか」というところまでを視野に入れる必要があるのである。このような「学習」と「活用」の循環的で多様な関係を捉え，それぞれを適切に支援していくことは，平成20（2008）年の中央教育審議会答申で提示された「知の循環型社会」の理念（前述）の実現にもつながるものとなろう。

　また，そもそも社会教育における学習成果の活用に関する取組は，平成28（2016）年の中央教育審議会答申（前述）でも言及されているとおり，各個人の自発的意志に基づいて学習が行われることを前提とするべきものであり，活用のための支援も，あくまでそれを希望する学習者に対してなされるべきものである。学習成果の活用，特に地域社会の課題解決を強調した事業を前面に打ち出すことは，確かに社会教育事業の公共的な有用性を強くアピールできるものであろう。他方で，社会教育行政の事業は基本的に，人々の自発的学習を基盤としている。公共

性，有用性という見地から「学習成果の活用」を推進する際に，学習者の自発性を尊重するという基本的な留意点を見失わないことは重要である。

(3) 学習成果の活用の様々な仕組み

ア　「生涯学習人材バンク」の取組

　1990年代において，平成4（1992）年生涯学習審議会答申などの政策提言で，ボランティア活動推進が繰り返し示されたことを受けて，ボランティア講師，指導者を登録し，地域住民の自由な幅広い利用に資するための人材バンクが各地の地方公共団体で設置されていった。このような生涯学習人材バンク事業は，社会教育における学習成果の活用を推進するための仕組みの一つとして位置付けられる。しかし，この人材バンクがうまく活用されていないケースが，実際には各地で見られた。

　その原因は様々に挙げられる。もちろん，生涯学習人材バンク自体の知名度が低い，登録情報が不十分で活用しにくい，サークル・団体や講座・イベントなどの情報と関連付けられていない，等の仕組みや情報の内容に関わる問題も挙げられる。しかし，それ以上に大きな問題は，人材の情報を「どのように活用するか」が地域住民の自発性に任されていることが多い，という点である。地域住民が自身で新たに学習の場を組織したり，面識のない人物を講師，指導者として迎えたりすることは，実際にはハードルが高いため，結果として生涯学習人材バンクが十分に利用されないという状況になりやすい。

　そこで，このような生涯学習人材バンクに登録された講師・指導者を活用した学習事業を社会教育行政等が企画する，登録された講師・指導者自身で講座を企画したり，講師・指導者同士で交流したりする機会を設ける，といったように，社会教育行政自らがこの人材バンクを積極的に利用する姿勢が必要となってくる。生涯学習人材バンクについては，最初にこの取組ありきで考えるのでなく，人材やその活用の場への実際のニーズを踏まえた上で，その設置について考えていくべきであろう。

イ　生涯学習パスポート

　1990年代末に提案された「生涯学習パスポート」と呼ばれる取組にも触れておきたい。「生涯学習パスポート」は，前出の平成11（1999）年生涯学習審議会答申「学習の成果を幅広く生かす」で提案された取組であり，アメリカのキャリア・パスポートやイギリスの学習達成記録（NRA：National Record of Achievement）などの事例が基となっている。この「生涯学習パスポート」は個人が行った様々な

　学習の成果やそれに対する自己評価などを記述する記録票とされ，個人のキャリア開発や社会的活動などに資する仕組みとして提案されている。実際の生涯学習パスポートの取組として，ある市の事例を見てみると，市内の社会教育施設での講座，市と近隣の大学，研究機関とが連携して実施する講座などの受講の数に応じてポイントが学習者に付与され，ポイント数に応じた奨励賞が市から授与されるという仕組みになっている。

　ただし，このような地方公共団体レベルでの生涯学習パスポートの制度においては，学習経験・履歴と職業やボランティア活動等で求められる多様な能力との関連付けを十分に考慮した仕組みとして設計・運用していくことは実際には困難である。また，地方公共団体の施策である以上，限られた地域のみで運用される取組とならざるを得ない。このような生涯学習パスポートは，学習成果の活用のための方策としてよりも，学習それ自体を奨励するための仕組みとして推進していくべきものと考えられる。

　またこれに関連して，厚生労働省は平成20（2008）年度からジョブ・カード制度の運用を開始している。この制度は，個人の職歴やこれまでに受けた教育・訓練の履歴，職業能力評価基準に基づいた評価を記載したジョブ・カードを求職者に交付するものであり，職業能力形成の機会に恵まれない人々を念頭に置き，職業能力開発の機会提供（職業能力形成プログラム）と密接に結びついた取組である。また文部科学省は平成30（2018）年から，小・中・高等学校在学時からキャリアに関わる学習活動の記録，自己評価を行えるポートフォリオとしての「キャリア・パスポート」の試作版を作成し，子供期からの職業選択・キャリア形成への学習成果活用を促進する取組を進めつつある。

　これらの制度は，個々人がキャリアとの関連で自身の学習成果を記録・把握していくための仕組みである。これらの制度は必ずしも社会教育行政の行う事業との直接のつながりがあるわけではないが，学習成果の活用のための仕組みとして展開してきていることを把握しておくことは必要である。

ウ　学びと活動のプラットフォーム

　「生涯学習プラットフォーム」あるいは「地域教育プラットフォーム」といった2000年代から各地で援用されるようになった取組も，学習成果の活用の在り方を考える上で重要である。このような「プラットフォーム」は，社会教育行政だけでなく，学校，一般行政，民間企業や地域団体，高等教育機関など，地域社会において学習機会の提供やその活用に関わる主体間での連携を容易にするためのネット

ワークを指すものである。学習成果の活用という点から見れば，関連する活動の需要側，供給側双方が多様であることから，様々な主体を取り込んだ，いわば「学びと活動のプラットフォーム」が機能することにより，活動に関する需要と供給のマッチングを容易にする，という効果が考えられる。またこの点では，平成27（2015）年中央教育審議会答申「新しい時代の教育や地方創生の実現に向けた学校と地域の連携・協働の在り方と今後の推進方策について」で提唱された地域学校協働本部も，学校を軸としつつ，社会教育の成果を活用していくためのプラットフォームとしての意味を持ち得るであろう。

　ただし，ここで問題となるのは，「多様な連携」への対応を考えれば考えるほど，このようなプラットフォームの取組は肥大化し，存在の目的が不明確になりやすいという点である。単に幅広い連携，全域的なネットワークを目指すのでなく，連携のメリットや，連携によって実際に展開できる事業を具体的にイメージできるような取組が求められる。

エ　学習成果の活用のための「仕組み」をどう捉えるか

　過去の答申等の政策提言で提示されてきた「学習成果の活用」のための仕組みの多くは，もしそれらが円滑・活発に機能するならば，学習成果の社会への還元を推し進めるものになるであろう。しかし，「学習」と「活用」に関する多種多様な情報を網羅的にカバーしようとする仕組みは，これまでの制度運用の実態からみても，現実には十分に機能してこなかったと言える。

　「学習成果の活用」を目指す取組は，「学習」の場と「活用」の場をつなぐ連携の試みと言える。ただし，ここまでに述べてきたケースからも分かるように，「どのような学習の成果」を「どのような活用の場」につないでいくのかを具体的に特定しない，いわば網羅的に「学習成果の活用」を支援しようとする取組は，結局は目的が不明確となり，その役割が十分に果たされないことが多い。その意味ではむしろ，必要性の高い連携を核として次第にその連携の範囲を広げていく，という考え方が重要となる。例えば「公民館での高齢者の趣味学習の成果を，学校のクラブ活動を支援するボランティア活動として活用する」といったように，需要と供給が明確・具体的で実現性の高い連携からスタートし，それを起点として様々な学習－活用の結びつきが徐々に派生的に展開していく，という長期的な視野をもった発想も求められるだろう。

2　学習成果の活用をめぐる新しい動向

(1) 特定テーマをめぐる多様な連携

　前述のとおり，社会教育による人々の学習成果を活用へと結びつけていくには，社会教育施設等の学習の場が，様々な機関，団体等と具体的で必要性の高い目的を共有しつつ，連携を段階的に築いていくことが重要と言える。

　そのような連携の例として，平成25〜26（2013〜2014）年度に文部科学省が実施した「公民館等を中心とした社会教育活性化支援プログラム」が挙げられる。このプログラムは，特定の地域の課題解決を目指した取組を，公民館が行政部局の垣根を越えて地域社会における多様な機関と連携することで支援する体制づくりを推進するプログラムであった。例えば若者の自立・社会参画を支援する取組としては，地域若者ステーションとの連携による居場所提供や就労支援，学校，NPO，企業，福祉施設等との連携による職場体験機会の提供，職業教育支援などが提示されている。この取組自体は必ずしも「学習成果の活用」を主目的としたものではないが，特定の目的の下で公民館と地域の多様な機関，施設，団体との連携に注目することで，学習成果の活用の場がより明確になるという意義を有していたと言える。

(2) 学習成果の活用の場としてのソーシャル・ビジネス

　社会教育の学習成果の活用の方向性については，2000年代までの答申等では基本的に，個人が職業の分野で生かすか，あるいは地域活動やボランティア活動のように無償の公共的な活動に生かすかという二極に分化して提示されていた。しかし2000年代以降，日本社会に「ソーシャル・ビジネス」という考え方とその実際の取組が広まるとともに，社会教育における学習成果の活用をソーシャル・ビジネスと結びつけて捉えようとする見方も次第に広がってきた。

　ソーシャル・ビジネスとは一般に，社会的課題の解決を優先的な目標として，その取組に商業的手法を用いる活動のことである。公共的・非営利的取組／私事的・営利的取組，という単純な二項対立を前提としていては解決できない社会の課題に，市場原理を活用しつつアプローチしようとする実践といえる。例えば，地域住民またはその地域に関わりを持つ様々なステークホルダーが協働して新たな特産品を考案し，地域の経済的活性化や雇用創出を目指すとともに，その協働のプロセスを通して地域の人々の間の交流も活発化させていく，といった例が挙げられる。

●参考：地域ビジネス創出事業（SBP：Social Business Project）

> 　主に高校生らが地域社会の支援を受けつつ，地域資源について学び，まちづくりへと活用していく取組である。事業名の英訳はSocial Business Project（略称：SBP）であり，高校生らが主体的に取り組むソーシャル・ビジネスを地域ぐるみで支援していく事業と言える。社会教育の観点から見れば，高校生らの取組を支援する地域住民，団体等の活動が公民館の講座，学習会などの場を基盤として展開されるならば，「社会教育による学習成果の活用の場」として位置付けることができる。

●参考：コミュニティ・ビジネス

> 　「コミュニティ・ビジネス」という概念は，ソーシャル・ビジネスという語が一般的になる以前から使用されてきたものであり，ある地域の住民が，地域資源を活用しつつ，その地域の課題を商業的手法によって解決していく取組を指す。ただし，コミュニティ・ビジネスの定義だけでは把握できない，つまり，課題や取組の主体，利用される資源，活動の範囲が必ずしも特定地域に限定されない活動事例が見られるようになってきたことを受けて，ソーシャル・ビジネスの語が新たに使われるようになってきた。

　社会教育行政の事業とソーシャル・ビジネスは，どちらもその活動に公共的性格が求められる。その点でソーシャル・ビジネスは，社会教育行政事業の学習成果活用の場の一つとして重要な位置付けにある。もちろん，学習成果活用の場としてのソーシャル・ビジネスが，実際の活動において営利的目的が先行してしまい，公共性追求の側面が著しく後退してしまう，というケースもあり得ることには留意しなければならないが，社会教育行政による事業の学習成果を地域あるいは社会全体の課題解決に幅広くつなげていくためには，市場原理を取り入れつつ課題にアプローチする取組も，学習成果活用の場として視野に入れることが求められる。

（久井　英輔）

第6章
社会教育を推進する
地域ネットワークの形成

Ⅰ　家庭，学校，地域の連携・協働の推進と地域の活性化

1　家庭，学校，地域の連携・協働の経緯

(1) 学社連携・融合の考え方

　「学社連携・融合」という用語の「学」「社」の部分は，提唱当初においては，「学」は学校教育を，「社」は社会教育を指していた。

　学校教育と社会教育は，戦後まもなく制定された学校教育法及び社会教育法において，既に相互の関係性が示されている。学校教育法第137条には「学校教育上支障のない限り，学校には，社会教育に関する施設を附置し，又は学校の施設を社会教育その他公共のために，利用させることができる。」とあり，一方で社会教育法第6章「学校施設の利用」においては第43～48条で学校施設を社会教育に利用する際の手続き等が述べられており，学校教育と社会教育のお互いが関わり合って，学校が設置されている周辺地域の教育活動に資することが期待されている。社会教育法第2条の社会教育の定義をみても，学校教育と社会教育は，人格の完成を目指して行われる組織的な教育活動を相互に補いあう関係とみることができる。

●参考1：社会教育法　第44条

> 　学校（国立学校又は公立学校をいう。以下この章において同じ。）の管理機関は，学校教育上支障がないと認める限り，その管理する学校の施設を社会教育のために利用に供するように努めなければならない。

●参考2：社会教育法　第2条

> 　この法律において「社会教育」とは，学校教育法又は就学前の子どもに関する教育，保育等の総合的な提供の推進に関する法律に基づき，学校の教育課程として行われる教育活動を除き，主として青少年及び成人に対して行われる組織的な教育活動（体育及びレクリエーションの活動を含む。）をいう。

　この学校教育と社会教育が，その関係性を深め，連携協力しあって教育に取り組む必要性は，昭和40年代（1960年代後半）頃から，「学社連携」という表現で叫ばれるようになった。当時提出された昭和46（1971）年の社会教育審議会答申「急激な

社会構造の変化に対処する社会教育のあり方について」では，高度経済成長に伴う当時の社会変化に対応し，生涯教育の理念に基づいた新たな社会教育行政への転換が促された。具体的には，社会教育の採るべき方向性の一つに，「家庭教育，学校教育，社会教育の三者の有機的役割分担を確立し，また，人々の生涯にわたる学習を支える多様な機会と場を提供する社会教育の役割を確認するなど，生涯教育の観点から体系化を図ること」が提言された。続いて，昭和49（1974）年に出された社会教育審議会の「在学青少年に対する社会教育の在り方について－家庭教育，学校教育と社会教育との連携－（建議）」には「青少年期において豊かな人間形成を図るためには，従来の学校教育のみに依存しがちな教育に対する考え方を根本的に改め，家庭教育，学校教育，社会教育がそれぞれの独自な教育機能を発揮しながら連携し，相互に補完的な役割を果たし得るよう総合的な視点から教育を構想することが重要である」と，学社連携の考え方が示された。しかしながら実態はなかなか進まず，平成の時代（1990年代）に入り，連携より踏み込んだ「学社融合」の考え方が平成6（1994）年に山本恒夫により提唱され，平成8（1996）年の生涯学習審議会答申「地域における生涯学習機会の充実方策について」では，この学社融合は「学校教育と社会教育がそれぞれの役割分担を前提とした上で，そこから一歩進んで，学習の場や活動など両者の要素を部分的に重ね合わせながら，一体となって子供たちの教育に取り組んでいこうという考え方であり，学社連携の最も進んだ形態」であるとされた。

　学社連携と学社融合の違いは，図1・2に示すように，人材や施設・設備などの教育・学習資源の扱い方の違いである。学社連携は，学校と社会の教育機関等がそれぞれに有する資源を必要に応じて貸し借りするいわゆる資源の交換であるが，学社融合は，学校教育と社会の教育・学習資源を共有して一緒に活動を行うことをいう。前者の例としては，学校の施設を地域住民にも利用してもらう学校開放や，地域住民による学校支援ボランティアが挙げられ，後者の例としては，中学校の調理室で生徒も地域住民も参加できる料理教室を開き，生徒が参加すれば家庭科の授業を受けたこととし，地域住民が参加すれば公民館の料理教室を受講したこととする実践例が挙げられる。

　このように，学社連携と学社融合には，学校教育が関係を結ぶ対象や範囲，またそのかかわり方に厳密な違いはあるが，それにこだわらず，それぞれの学校と周辺の地域の現状や実態に即して，様々な形態で，学校と地域社会が協力し合い，豊かな学習環境を提供することが重要であると考えられるようになってからは，「学」を学校，「社」を地域社会と捉え，「学社連携・融合」とまとめて表現されることが多い。

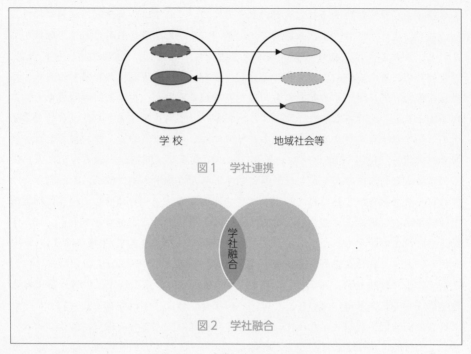

図1・2　学社連携と学社融合

（出典：山本恒夫・浅井経子・坂井知志編著『「総合的な学習の時間」のための学社連携・融合ハンドブック─問題解決・メディア活用・自己評価へのアプローチ─』文憲堂，2001年，p. 10などを参照の上作成）

(2) 教育基本法の改正

　21世紀に入って，約10年に一度の改訂作業に伴う平成11（1999）年3月改訂の学習指導要領では，単なる知識・技術の習得を越えた，生涯学習の基礎とも捉えられる「生きる力」の育成を目指して，「総合的な学習の時間」が新設された。この時間には，各教科等の学習で得た知識等を体験的な活動の中で活用することを通して，それらの理解や考え方を深めたり，学び方を習得したりすることが求められた。このような新しい学びを提供するためには，学校のみならず，学社連携・融合の考え方の下に，学校と家庭，地域社会が連携協力し合う必要性が増した。また，同学習指導要領の実施に当たっては，平成14（2002）年4月から学校完全週5日制が導入，同年関係府省による「新子どもプラン」も実施され，家庭，学校，地域が連携協力して，学校だけでは提供できなかった様々な学習機会・体験活動を子供たちに提供し，彼らの

成長・発達を社会全体で見守ろうという考え方の再認識を促した。

　こうした動きの中，平成18（2006）年に改正された教育基本法には，第13条として「学校，家庭及び地域住民その他の関係者は，教育におけるそれぞれの役割と責任を自覚するとともに，相互の連携及び協力に努めるものとする」との，学校，家庭，地域住民の相互の連携協力に関する条項が新たに設けられた。ここに，家庭，学校，地域社会の連携協力は，法的な根拠を持って重要かつ推進を図るべき事項となった。

(3) 地域学校協働活動の必要性

　改正された教育基本法に基づいて，平成20（2008）年には，我が国初の教育振興基本計画が策定され，「地域ぐるみで学校を支援し子どもたちをはぐくむ活動の推進」「家庭・地域と一体になった学校の活性化」等，学校と家庭・地域の連携協力を進める施策が打ち出された。その中では，学校と地域社会の連携協力体制に関して「学社連携・融合」よりも「学校支援」という表現が用いられるようになった。同年，教育基本法の改正を受けて社会教育法も改正され，具体的には地域と学校が連携し，学校の教育活動を支援する「学校支援地域本部」が設置されるようになり，平成28（2016）年度まで，その推進が図られた。

　また，教育基本法改正の翌年，平成19（2007）年からは，子供たちの放課後や週末に学習・体験機会を豊かに提供することを目指した「放課後子供教室」が，厚生労働省による「放課後児童クラブ」（学童保育）と合わせて「放課後子どもプラン」として推進され始めた。先述の社会教育法改正では，放課後子供教室に関わる条項が追加され，この事業も法的根拠を持って，地域住民の参画を得て，学社連携の下に展開されるようになった。週末に関しては，平成25（2013）年度に学校教育法施行規則が改正され，土曜授業に取り組みやすい状況になると，翌年度には「土曜日の教育活動推進プラン」が開始され，学校と地域や企業との連携による土曜日の教育活動の推進が図られるようになった。

　これら学校支援地域本部や放課後子供教室の取組は，平成25（2013）年度に策定された第2期教育振興基本計画において，全国の小・中学校に充実体制を構築することが施策目標とされ，学校と地域の連携協力は，より具体的に進められるようになった。

●参考3：平成20（2008）年改正社会教育法における，学校支援地域本部と放課後
　　　　子供教室に関する条項（条文中のカッコ表記は省略）。

> 第5条　市町村の教育委員会は，社会教育に関し，当該地方の必要に応じ，予算の範囲
> 　　　　内において，次の事務を行う。
> 　13　主として学齢児童及び学齢生徒に対し，学校の授業の終了後又は休業日におい
> 　　　　て学校，社会教育施設その他適切な施設を利用して行う学習その他の活動の機
> 　　　　会を提供する事業の実施並びにその奨励に関すること。
> 　15　社会教育における学習の機会を利用して行った学習の成果を活用して学校，社
> 　　　　会教育施設その他地域において行う教育活動その他の活動の機会を提供する事
> 　　　　業の実施及びその奨励に関すること。

　一方，学校教育においては，昭和61（1986）年の臨時教育審議会第2次答申の頃
より「開かれた学校」が模索され，平成10（1998）年の中央教育審議会答申「今後
の地方教育行政の在り方について」において，明確に「開かれた学校づくり」の推進
が示された。これを受けて平成12（2000）年には，地域住民の学校への参画を制度
的に位置付ける「学校評議員制度」が開始された。平成16（2004）年には，地域住
民や保護者のニーズを学校運営により一層反映させる仕組みとして，学校運営協議会
制度（コミュニティ・スクール）の導入が推進されるようになった。このように学校
側からは「開かれた学校づくり」という考え方の下に，学校と地域の連携協力が進め
られていったが，平成23（2011）年，学校運営の改善の在り方等に関する調査研究
協力者会議による「子どもの豊かな学びを創造し，地域の絆をつなぐ～地域とともに
ある学校づくりの推進方策～」では，学校と地域の関係を「子どもたちの豊かな育ち
を確保するために，すべての学校が，地域の人々と目標（子ども像）を共有した上
で」，学校と地域が一体となって子供たちをはぐくむ「「地域とともにある学校」とな
ることを目指す」という，連携協力から更に深めて協働関係が強調された考え方で捉
える方向に転換がなされた。
　そして，平成26（2014）年に取りまとめられた「コミュニティ・スクールの推進
等に関する調査研究協力者会議におけるこれまでの審議の整理」においては，この
「地域とともにある学校」の観点の下に，これまで別々に取り上げられてきたコミュ
ニティ・スクールと学校支援地域本部の「一体的な推進」が言及されるようになり，
学校教育と地域や社会教育の連携・協働がより強調されるようになった。
　さらに，平成27（2015）年の中央教育審議会答申「新しい時代の教育や地方創生
の実現に向けた学校と地域の連携・協働の在り方と今後の推進方策について」（地域

学校協働答申）において「地域とともにある学校」への転換が明確化された。これまでの「学校支援活動，放課後や土曜日の学習支援，家庭教育支援および学びによるまちづくり等の地域活動等により，地域と学校が協働して，未来を担う子供たちの成長を支えるとともに，持続可能な社会を創っていく取組」を「地域学校協働活動」と呼び，その活動が組織的，継続的に行われ，個別の活動の総合化，ネットワーク化が図られるために「地域学校協働本部」の全国的な整備が提言された。

　同じタイミングで，中央教育審議会の教育課程企画特別部会における論点整理として，「社会に開かれた教育課程」が示され，学校の教育内容そのものが「よりよい社会づくりを目指す」という理念を社会と共有し，その実施に当たっても社会教育等との連携を図る必要性がうったえられた。このような教育課程の実践は，まさに地域学校協働活動であり，地域と学校がパートナー（仲間）として連携・協働して地域の将来を担う子供の教育に関わる中で，自立した地域社会の基盤の構築及び活性化を図る「地域とともにある学校づくり」も期待されている。

　このように，地域学校協働活動は，これからの時代の社会を支える教育の在り方を具体的に示す実践として，学校からも地域からも求められた活動と捉えることができる。

2　地域学校協働活動の展開

(1) 地域学校協働活動とは

　Ⅰで述べてきたような経緯を経て提案された「地域学校協働活動」とは，「地域と学校が連携・協働して，地域全体で未来を担う子供たちの成長を支えていくそれぞれの活動を合わせて総称したもの」である。図3に示すように，連携・協働する範囲は幅広く，その緩やかなネットワークから生み出される活動も，それぞれの地域や学校の実情等に応じ，多様であることが期待されている。

(2) 地域学校協働活動を推進する仕組み

　地域学校協働活動を推進するために，地域には地域学校協働本部が設置され，そこには，学校との連携・協働や地域住民や保護者の連絡・調整を図る地域学校協働活動推進員（地域コーディネーター，社会教育法第9条の7において規定）が置かれる。一方で，学校は学校運営協議会を設置するコミュニティ・スクールとなることが望ましく，さらにその学校には地域連携担当教職員が配置され，地域学校協働活動推進員と連携・協働して，「社会に開かれた教育課程」が実践され，「地域とともにある学校づくり」や「学校を核とした地域づくり」の推進が望まれる。

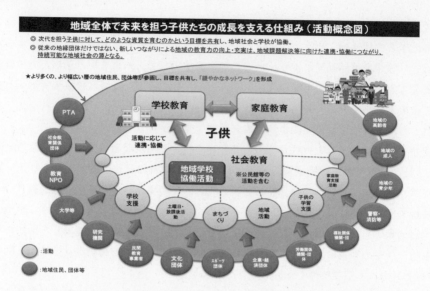

図3　地域学校協働活動概念図

（出典：文部科学省『地域学校協働活動の推進に向けたガイドライン　参考の手引き』p. 7）

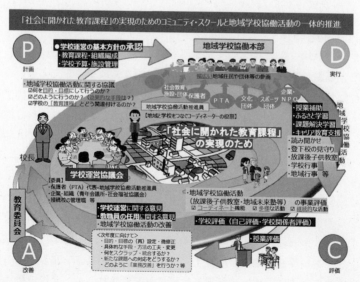

図4　「社会に開かれた教育課程」の実現のためのコミュニティ・スクールと地域学校協働
　　活動の一体的推進

（出典：文部科学省ウェブサイト「学校と地域でつくる学びの未来」）

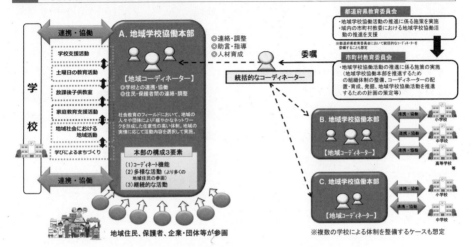

図５　地域学校協働活動推進体制のイメージ

（出典：国立教育政策研究所社会教育実践研究センター『地域学校協働活動推進のための地域コーディネーターと地域連携担当教職員の育成研修ハンドブック』2017年，p. 91）

●参考４：地域学校協働活動推進員

> **社会教育法第９条の７**
> 　教育委員会は地域学校協働活動の円滑かつ効果的な実施を図るため，社会的信望があり，かつ地域学校協働活動の推進に熱意と識見を有する者のうちから，地域学校協働活動推進員を委嘱することができる。
> ２　地域学校協働活動推進員は，地域学校協働活動に関する事項につき，教育委員会の施策に協力して，地域住民等と学校との間の情報の共有を図るとともに，地域学校協働活動を行う地域住民等に対する助言その他の援助を行う。

　仕組みを構築する際には，その地域や学校の現状や特徴を十分に理解し，これまでその地域で行われてきた学校支援や家庭教育支援，放課後や休日の子供の体験活動提供，住民の学習活動等を生かす形で，できるところから推進体制を構築することが重要である。形式的に他の地域の事例そのままに推進体制をつくったとしても，それで

はかえって，地域住民や学校の負担になりかねないため，現状把握の上に順次仕組みづくりを進めるよう留意する必要がある。

(3) 地域学校協働活動の方向性

　地域学校協働活動は，一見，学校のために地域が動いているような印象があるが，この節の冒頭に述べたような地域全体で未来を担う子供たちの成長を支える活動をすることで，地域そのものも活性化され，持続可能な地域が作られていくことが期待される。学校を中心とした周辺の地域社会が，子供の成長・発達を支えようという共通の目標を有して活動する中で，これまで発見できなかった地域の人的，物的資源を掘り起こし，それらが子供たちの学びにつながるよう創意工夫することにより，地域社会は大いに盛り上がることであろう。「社会に開かれた教育課程」は上記のような学校と地域の共通の教育実践目標となり得るのであり，これを軸に「地域とともにある学校づくり」と「学校を核とした地域づくり」が車の両輪のように，同時に推進されていくことが期待できる。

　また，地域にある様々な資源が，教育活動を通して新たにつながれたりつなぎ直されたりする中で，特に，地域における人々のつながりのことを「ソーシャルキャピタル＝社会関係資本」というが，地域学校協働活動を通して，多様な主体との連携が行われるなどしてソーシャルキャピタルの醸成が速やかに促され，学校と一緒に社会教育を推進することが期待できる。

●参考5：活動事例の収集に当たって

> 　地域と学校が連携・協働して行われている活動は，既に全国で多種多様な形で展開されている。文部科学省では，それらの活動を，ウェブサイト「学校と地域でつくる学びの未来」において，紹介している。なお，このサイトでは，事例のみならず，地域学校協働活動やコミュニティ・スクール等これからの学校と地域のつながり方に関しての考え方や法的根拠，国としての方向性等も取り上げられているので，活動に取り組むに当たっては随時，参考にしていくとよいであろう。

（松永　由弥子）

Ⅱ　NPO，企業との連携・協働の推進と地域の活性化

1　市民，NPO，企業等との連携・協働が求められる背景

　第二次世界大戦後，日本は，近代化と経済発展を遂げてきた。高度経済成長は国民所得の上昇をもたらし，社会経済情勢について，いち早く先進国の水準に達する社会が実現した。けれども急速な経済発展は，公害や生活インフラの整備の遅れといった問題を新たに生じさせた。また，都市化の進行等によって，住民相互のつながりが弱まるとともに，地域社会に無関心となる風潮が生まれ，地方の課題を自分たちで考えて解決策を決定するという住民自治を衰退させる状況も見られた。昭和末期になると，東京一極集中を是正し，個性豊かな地域社会づくりを進めることが課題とされ，これからの地方行政の在り方が模索されるようになった。

　1990年代になると，地方分権は具体的な歩みとなって現れ始めた。平成7（1995）年に成立した地方分権推進法は，国から地方へ権限及び財源を移譲することを進め，役割分担を明確にするための5年間の時限立法だった。これは，地方議会が意思決定に関わることのできない機関委任事務を廃止し，法令などによって国から委託される法定受託事務とそれ以外の自治事務に分けるなど，地方公共団体の裁量範囲を拡大するものだった。国と地方公共団体との関係を見直し，実態に即して地方が意思決定するための方策が実現されるようになった。

　地方分権の動きと並行して，各地で市民参画が行政の課題となる。現在では多くの地方公共団体で取り入れられ広く知られている市民参画の手法，例えば，パブリックコメント，公聴会，住民投票，意見交換会，フォーラムの企画運営，公募型の委託事業等も，この時期に一部の地方公共団体である種の実験的な取組として始まったものが多い。

　また，地方分権の流れの中で，平成15（2003）年には地方自治法が改正され，指定管理者制度が新たに成立した。それまで，公の施設の管理を外部に委託する場合，公共的団体や第三セクターなどのいわゆる外郭団体に限定されていたものが，この改正を機に民間企業，NPO，任意団体であっても公の施設の管理運営を担うことができるようになった。指定管理者は，条例に基づいて，施設の利用料金を収受・変更することもできる。このように，市民，NPO，企業等との連携・協働が求められる背景には，平成初期から見られる地方分権の動きが大きく関わっている。

2　特定非営利活動促進法（NPO法）の成立

(1) 特定非営利活動促進法（NPO法）の成立

　では，協働の担い手として大きな役割を果たすことが期待されるNPOは，どのような経緯で日本の社会に根付いてきたのだろうか。

　NPOとは非営利組織のことを指す。NPOは，福祉，教育・文化，まちづくり，環境，国際協力といった分野に関する社会貢献活動を行い，多様化した社会のニーズに応えるための事業を展開し，事業の収益を団体の構成員で分配することを目的としない団体である。NPO法が誕生するきっかけとなったのは，平成7（1995）年1月17日に発生した阪神・淡路大震災だった。このとき，救済活動や復興支援にボランティア活動として関わった人々は，延べ150万人以上とも言われているが，ボランティアを主体とする復興支援活動を通して，多くのボランティア団体は，民間の任意団体であることの限界や困難を共有するようになった。ボランティア団体は，それまでも社会の様々な分野で多様化したニーズに応える重要な役割を果たしてきたものの，このときに課題となったのは，法人格がないことだった。平成10（1998）年12月に成立したNPO法により，団体にとってできるようになったことは数多い。何よりも，法人格を取得することで，民間の任意団体のときは制限されてきた，銀行口座の開設，不動産の賃借等が可能となり，団体としての収益事業などの経済的活動が展開できるなど，NPO法の成立は，団体活動の継続性に大きく寄与した。

(2) 変化に伴う二つの側面

　NPO法施行やその後の法改正，また平成18（2006）年公益法人制度改革関連3法案の設立など，民法における一連の法改正の背後には，国家と市場との間の役割分担の考え方に対する変化があった。第二次世界大戦後，ライフラインなどの社会資本の整備やインフレ経済への対策として，先進諸国は公共事業に投資するなどの方法をとった。しかし1970年代以降，財政赤字の増大が続き，それを見直そうという動きが見られた。このとき，公共事業を見直し，市場の考え方を大胆に導入し，行政に効率的な経営を取り入れようとする考え方が出現する。1980年代，イギリスのサッチャー政権時に取り入れられたこの種の経営手法は「新公共経営（NPM：New Public Management）」と呼ばれ，日本も含む様々な先進国に大きな影響を与えた。

　NPMの特徴は，第一に徹底した競争原理を導入すること，第二に成果による評価を重視すること，第三に政策立案をする立場と，それを実施する立場とを分離するこ

とで，より効率的で質の高い行政サービスを目指すこと，である。NPO法はこのような公共部門における効率的な経営という考え方が登場する中で，新たに取り入れられるようになった考えの一つである。

　地方分権やNPMといった変化には，二つの側面がある。第一に，民間の団体が自主的に行ってきた活動が，社会システムの中に公的に位置付けられ，理念としては同じ公益活動の担い手として，地方公共団体と同等の立場をとることができるようになった，という点である。例えば，一人暮らしの高齢者家庭にお昼ご飯を届けるといった限定されたボランティア活動を行っていた団体も，NPOとしての資格を取得すると，団体としての収益事業が展開できるようになる。すると，その団体は新たな雇用を生み出し，社会的信用を築くことができる。さらに，そのような地域福祉を担う責任主体が地域に誕生することで，地域のニーズが掘り起こされ，行政への新たな提言につながる場合もある。福祉の領域でも，社会教育の領域でも，新たな担い手の登場が豊かな社会づくりに大きく寄与する可能性がもたらされる。

　第二に，従来は公的な組織が独占的に行ってきた事業の一部が，民間の団体に委ねられることで，公益活動に関する全体経費が軽減され，柔軟性の高い運用が可能になると示された点である。例えば，指定管理者制度の導入は，公立図書館のような公共性の高い社会教育施設を，民間企業とNPOとが共同で運営に当たるといった事例を可能にした。そのような公立図書館のさきがけの一つとして知られる東京都のある図書館では，指定管理者として六つの企業が一つのグループを形成し，事業企画，図書サービス，ミュージアム，広報，設備維持管理等，企業がそれぞれの専門分野に応じて業務を分担しながら区内の五つの図書館施設を運営している。画一的ではない方法で，それぞれの地域に必要な活動を支援する個性的な図書館が次々と出現している。

3　行政とNPOとの連携・協働

(1)　人口減少時代の新しい地域づくりに向けた社会教育の振興方策について

　核家族化や都市人口の増加はコミュニティにおける人間関係の希薄化をもたらしており，これまで幾度となく地域社会の重要性を見直そうとする動きが見られた。平成30（2018）年の中央教育審議会答申「人口減少時代の新しい地域づくりに向けた社会教育の振興方策について」では，今後の社会教育の振興のために，より多くの主体との連携・協働の必要性が示されるとともに，「開かれ，つながる社会教育の実現」という方向性が提案されている。

　第一に，若者や現役世代，外国人など，多様な住民の主体的参加を促す方法の模索

である。具体的にはオンラインによる学習の活用も念頭に置きながら，それだけではない対面を伴う学習の場に参加するきっかけづくりが望まれている。第二に，ネットワーク型行政の実質化である。本来，社会教育は学校教育以外の組織的な教育活動全般を指している。都道府県や市町村の教育委員会や社会教育関係団体だけではなく，首長部局やNPO，大学や専門学校，民間事業者等もその担い手として期待されているだけでなく，実際に多様な学習機会の提供を行っている。このような連携・協働のネットワークが今後もますます必要とされている。第三に，学びや活動と参加者をつなぎ，地域の学びと活動を活性化する専門性のある人材の活躍を後押しする必要性である。多様な主体が地域を核に学びや活動に関わる社会の実現のためには，社会教育主事，地域学校協働活動推進委員，社会教育士といった専門性をもつ人材の活躍が大きな鍵となると述べられている。

　また，多様な主体との連携・協働を通して新しい地域づくりに取り組むため，次のような具体的方策が提言されている。

　例えば，社会教育行政担当部局と首長部局との連携については，総合教育会議の活用や，地方公共団体の総合計画や教育振興基本計画に，連携・協働体制の構築を含む社会教育の推進について明記していくことが示されている。また，社会教育行政担当部局と首長部局との間での公民館主事や社会教育主事等の専門的職員も含めた積極的な人事交流を推進する方法も有効だと述べられている。さらに，多様な教育資源を有するNPOや中間支援組織として地域で活動するNPOと社会教育行政担当部局等との連携を推進すること，あるいは，大学や専門学校等の高等教育機関において，学生と地域住民が共に学ぶ連携講座や，学習者の高度な実践的ニーズ等に応えるリカレント講座等の開講を共同企画するといった方法も有効であると提言されている。

　社会教育と学校教育との連携・協働についても，地域社会の重点課題である。平成29（2017）年の地方教育行政の組織及び運営に関する法律の改正により，学校運営協議会を学校に設置することが努力義務化された。また，平成29（2017）年の社会教育法の改正により，地域学校協働活動の推進が教育委員会の事務として新たに規定された。これらを受け，同答申では「学校運営協議会」の設置，「地域学校協働本部」の整備，「地域学校協働活動推進員」の配置の促進といった基盤づくりを進める必要性が示されている。

　多様な人材の幅広い活躍という観点からは，まちづくりと人づくりの相互作用を促進させることが望まれる。地域には長年にわたり，まちづくりや地域課題の解決に熱意をもって取り組んでいる幅広い世代が育っている。このような人々のもつ専門性を

地域の社会教育活動の場で発揮してもらえるよう，同答申では，地方公共団体において，非常勤の行政職を委嘱したり，社会教育委員（社会教育法第15条）として活動してもらったりするなどの体制づくりを行い，専門性をもつ多様な人材等との連携・協働を具体的に図りながら，地域課題に取り組むことのできる場づくりを進めることが提言されている。

(2)「地域づくり大学校」（横浜市）の事例

　横浜市では，地域住民と区の職員が一緒に地域の課題解決の手法や魅力づくりを学び合うことを通して力を養い，協働による地域づくりを推進する「協働の『地域づくり大学校』事業」を平成30年度まで実施していた。この事業は，認定NPO法人市民セクターよこはまが横浜市からの補助を受け，平成22年度から実施していた「よこはま地域づくり大学校」を元にしている。

　「よこはま地域づくり大学校」は，「住んでいてよかったと思える地域を自分たちで実現するための学びの場づくり」を目的としており，講義，現地見学，演習等を通して，まちづくりの先進的な取組を学ぶ機会であった。1年間のプログラムでは，自治会・町内会の役員として地域活動を実際に担っている人や関心のある市民等が受講生として参加し，市の職員，他の地域のキーパーソン等と交流しながら，市の行政施策，市民主体のまちづくりの理念や手法などを学んだ。プログラムは，学習から自分の地域と他の地域とに共通する課題を発見し，そこから自分たちの地域の課題を抽出し，その対応を受講者へ促そうとするものであった。実際に，受講した市民が自分の地域に学びの成果を持ち帰って新たに活動を開始するなど，まちづくりに関する活動の充実につながった。また，この取組が市内のいくつかの区の取組へと広まり，新たな学習の機会が生まれた。これらの成果を受け，平成26年度から市の事業としてリスタートをきり，各区が地域や中間支援組織との協働型で実施する「協働の『地域づくり大学校』事業」が，形態や運営方法を変えながら市内18区において継続された。

　「地域づくり大学校」の特徴は区によって様々ではあるが，講義形式ではなく受講生同士が経験や情報を出し合い学び合うことを重視している，自治会・町内会や民生委員・児童委員等の委嘱委員など地域で活動している市民や，これから活動したいと考えている市民を主な対象として講座が行われている，地域を知るプログラムを重視している，実践につながる受講後のフォローアップを重視している，中間支援組織や地元のキーパーソンらと共に企画づくりを進めているなどの特徴が見られる。

　横浜市では，本事業をはじめ，行政とNPOやまちづくり支援団体等との協働によ

り，行政だけでは十分に行いきれない事業が実現，充実している。市民の学びと活動の循環によるまちづくりという観点からも参考としたい。

4　NPO，企業との連携・協働の推進と地域の活性化に向けて

(1) 行政と企業，企業とNPOの連携・協働

　社会教育・生涯学習推進の基盤形成のために，NPO，企業との連携・協働の推進は今後もますます必要とされるだろう。そして，今後の市民社会を考えると，社会に広く共有される公共的課題を解決するために，行政と企業との連携・協働，及び企業とNPO等との連携・協働の必要性についても考える必要があるだろう。

　平成28（2016）年に国立教育政策研究所が実施した，都道府県教育委員会と市町村教育委員会による教育関連分野・事業における企業との連携・協働に関する調査では，次のような点が明らかになった。すなわち，都道府県教育委員会では「キャリア教育・職業教育支援」，「家庭教育支援」，「学校での授業支援」等で行政と企業との連携・協働が多く見られる一方で，市町村教育委員会では企業との連携・協働を「行っているものはない」とする回答が最も多くを占めた。また，同時期に実施された企業による教育CSR（Corporate Social Responsibility：企業の社会的責任）活動における協働の実態についての国立教育政策研究所の調査によると，企業とNPO等とが連携・協働する領域として「環境教育」，「学校での授業支援」，「地域における学習支援」の分野での取組が多いことが報告されている。その際，企業がNPO等と連携・協働する理由は，NPO等のもつ専門性に対する期待が大きい一方で，NPO等との協働を進める上で「共通の目的を設定するのが難しい」というデメリットがあることも報告されている。

(2) 橋渡し役を担う社会教育主事

　行政とNPO，企業との連携・協働の実質化に向けて何よりも重要になるのが，橋渡し役を担う人材である。地方公共団体の組織に通じ，社会教育行政の経験を持ち，地域課題の切実さを理解できる専門的な人材こそが，連携・協働の中心にいることが事業の実現性を高めると言える。

　例えば，埼玉県教育委員会が平成22（2010）年から取り組む「子ども大学」は，小学生を対象にする事業で，大学のキャンパス等を会場に，大学教授や地域の専門家等が講師となり，地域の子供たちの知的好奇心を刺激する講義や体験活動が行われている（埼玉県教育委員会「子ども大学の概要」，https://www.pref.saitama.lg.jp/

f2215/kodomodaigaku/index.html）。市町村の教育委員会のほか，大学，専門学校，NPO，青年会議所，商工会，子供会など地域の団体が実行委員会を組織するなどの方法で連携することで，「はてな学」「ふるさと学」「生き方学」といった学校では学ぶことのできない特徴ある学習プログラムが各地で展開されている。

　また，茨城県日立市教育委員会が平成18（2006）年から取り組む「日立市商業探検少年団」は小・中学生を対象とするキャリア教育で，11の職種別に分かれた少年団が実際に職業を探検（見る・聞く・体験）し，子供たちの職業観・勤労観を育むことを目的としている。教育委員会と日立商工会議所の協働により，農業，林業，水産業，ものづくり，あきんど（小売業），IT（パソコン），福祉，エネルギー（科学），建築デザイン，観光，メディアといった1年間の本格的な職業体験の機会を，地元の商店，企業，工場，農業組合や漁業組合の協力の下，地域の子供たちに提供している。

　これら二つの事例の実現には，社会教育主事の存在が欠かせない。いずれも子供たちの学校外教育を豊かにするプログラムである一方で，実際には，地域の団体や大人たちが数多く携わることで，地域の教育力の向上に資する，豊かな社会教育事業となっている。このような事業の設計のためには，社会教育行政に対する根本的な理解が必要不可欠である。連携・協働が推進される背景を理解し，指針となる基本方針や協働条例等の制定の背景を説明でき，市民参画を実質化する方法を実現し，多様なセクター間のパートナーシップを可能とするための基盤整備を地域の活性化のために実行することができるような社会教育主事の専門性が，新しい地域づくりに向けた社会教育の振興にとって何よりも必要とされている。

（坂口　緑）

第7章
社会教育施設の経営戦略

1　社会教育施設の運営基準

　社会教育の奨励や振興において，社会教育施設の設置運営は，その主要な手段として位置付けられてきた。社会教育法では，人々の実際生活に即した学習のための環境醸成が，社会教育行政の任務とされており，そのための社会教育施設の充実が目指されてきたことになる。

　社会教育施設の運営においては，これまでに各種の基準が示されてきている。代表的な社会教育施設である公民館，図書館，博物館については，それぞれ，社会教育法，図書館法，博物館法によって，各施設の定義や事業内容，職員等が規定されており，その設置運営の在り方について，基本的な制度や仕組みが定められている。

　社会教育法の第23条の２では，「文部科学大臣は，公民館の健全な発達を図るために，公民館の設置及び運営上必要な基準を定めるものとする」とされており，同様の規定は，図書館法第７条の２，及び，博物館法第８条にも見られ，設置及び運営上の望ましい基準を，文部科学大臣が定め公表することとされている。これに基づき，文部科学省告示として，「公民館の設置及び運営に関する基準」（平成15［2003］年）「図書館の設置及び運営上の望ましい基準」（平成24［2012］年）「博物館の設置及び運営上の望ましい基準」（平成23年［2011］年）が定められており，それぞれの法律に対応する形で，より具体的な設置運営の基準が示されている。

　なお，これらの現行の「基準」は，いずれも，それ以前に制定されていたものが改正される形で定められており，公民館については，昭和34（1959）年の文部省告示「公民館の設置及び運営に関する基準」が全面改正されたものである。同様に，図書館，博物館についても，現行の「基準」に至るまでに，それぞれ改正を経ている。それらの改正は，上位法の改正やそれぞれの施設を取り巻く環境の変化を受け，より現状に即した内容にすることを目指して実施されてきたわけであるが，これまでの改正に共通する特徴として，大綱化・弾力化の進展が指摘できる。これは，基準の性格という観点からすれば，量的基準から質的基準への転換ともいえる。つまり，初期の基準では，建物の面積や職員数，資料の点数等の，いわゆるハード面での具体的な数値基準が示されていたのに対し，現行のものでは，そうした数値基準は見られず，それぞれの地域や施設に応じて，ハード面の整備・充実に努めることとされている。施設が果たすべき役割や事業内容に関する言及が中心となっている現在の各基準は，それぞれの施設の運営について，その方向性を示す指針のような内容になっているといってよいだろう。こうした変化は，地方分権の流れも受け，各施設の運営に関する多く

についても，地方公共団体や施設自体の裁量に任されるべきと考えられるようになったことによる。地方公共団体，あるいは，それぞれの施設が，必要に応じて，適切な基準や目標を設けることが求められているのである。

公民館，図書館，博物館以外の社会教育施設の場合，劇場，音楽堂等の文化施設に関しては，「劇場，音楽堂等の活性化に関する法律」が平成24（2012）年に制定されており，事業内容等について法的な基準が示されているものの，青少年教育施設や女性教育施設，体育施設，生涯学習センターについては，その運営に関わる基準を直接に示す法律は存在しない。ただし，国立の青少年教育施設，女性教育施設を管理運営する，それぞれの独立行政法人に関する法律のような関連法の存在に加え，地方公共団体では，それらの施設を設置運営する上で条例や規則を設けるのが通常である。また，中央教育審議会をはじめとする国の審議会等においても，各種の社会教育施設の運営等に関する提言がなされている。

2　社会教育施設の「運営」から「経営」へ

近年，社会教育施設をめぐっては，「運営」にかわって，「経営」という言葉が一般的に用いられるようになってきている。それを象徴するように，平成8（1996）年には，図書館法と博物館法の施行規則が改正され，司書，学芸員の資格を取得するために修得すべき科目に，「図書館経営論」と「博物館経営論」が新設されている。

経営であっても施設等を運営することには違いないが，意図的に経営という言葉を用いる場合，そこでは，事業実施等における効率性の視点がより強調されているということになるだろう。その背景には，地方公共団体の財政逼迫などを受けて，たとえ公立の社会教育施設であっても，運営にかかる経費の効率化が求められるようになった事情がある。また，管理的な運営から脱しようという意図もある。

また，「経営」という言葉が用いられるようになった理由として，社会教育施設に従来よりも更に利用者の視点を重視した運営が求められるようになってきたことも指摘される。そこでは，いわゆる「顧客志向」の観点から，利用者の満足度の向上が目指されてきた。

「経営」という言葉に含意される，この「効率性の追求」や「顧客志向」といった考え方は，この間，社会教育施設の在り方を見直す上で，基本的な方向性を示すものであったと言える。特に，公立社会教育施設の運営をめぐっては，民間企業の手法を取り入れるなどして，その実現が図られてきており，そのための各種の制度の導入もなされてきた。

その一方で，教育を目的とする公共的な施設と民間企業であっては，「効率性」や「顧客志向」の捉え方に差異が生じることは言うまでもない。社会教育施設の特性に基づいた経営の在り方が必要とされるのであり，そのためには，これまでの歴史的経緯を含め，その特性に関する十分な理解が前提として求められることになる。

3　社会教育施設の戦略的な経営

(1)　社会教育施設の経営の方針・計画・評価

　社会教育施設に限らず，組織や団体の経営に当たっては，まずはその方針を明らかにしておくことが必要となる。企業やNPOでは，よく「ビジョン」や「ミッション」という形で組織の将来像や使命といった経営の理念が表明されている。社会教育施設，あるいは，社会教育行政においても，ビジョンやミッションを経営方針として実際に策定し，明確にしているところも多い。

　そうした経営方針は，単に策定するだけでなく，その理念を公表し，施設経営に対して，地域住民や利用者をはじめとする関係者から理解を得る努力も求められる。社会教育法，図書館法，博物館法では，関係者の理解を深め，連携及び協力を推進するため，公民館，図書館，博物館のいずれにおいても，運営の状況に関する情報を積極的に提供するように努めるものとされているが（社会教育法第32条の2，図書館法第7条の4，博物館法9条の2），施設自体の目的や方針についても情報を発信し，広く理解を得ることが，公共施設としての健全な経営に結びつくことになると言える。

　経営方針を拠り所として，より具体的な目標やその達成のための筋道を示したものを経営計画と理解すれば良いだろう。社会教育施設の経営計画をめぐる議論では，マネジメント・サイクルの確立の重要性がしばしば指摘される。PDCAサイクルとして説明されるような，目標の設定から，実行，評価，改善といった一連の流れを繰り返していくことにより，計画の効率性や効果性を絶えず検証し，サービスの質を高めていくことが，社会教育施設の経営原理としても強調されるようになっている。

　とりわけ，評価に関しては，この間，社会教育施設において，その充実の必要が強調されてきた。教育基本法の改正を踏まえ，平成20（2008）年に社会教育法・図書館法，博物館法が一括して改正されるに当たり，いずれにも，運営の状況に関する評価についての条項が追加された。そこでは，各施設が運営の状況について評価を行うとともに，その結果に基づき運営の改善を図るため必要な措置を講ずることが努力義務規定として盛り込まれている。これに対応して，文部科学省告示のそれぞれの「基準」においても，自己点検や評価に関わる項目が設けられている。　社会教育施設に

は評価を見据えた経営計画の策定が求められており，特に，評価が計画策定時に設定した目標の達成度を測るものであることからすれば，適切な目標設定は重要である。

(2) 地域課題の解決という目標

　現在，少子高齢化や過疎化の更なる進行により，その存続自体が危ぶまれる状況にある地方公共団体も少なくない。そうした状況の中，人間関係の希薄化等の要因も合わさって，地域社会が抱える様々な課題が顕在化している。その課題は，医療・福祉，経済，教育，文化等の多岐の分野にわたることに加え，それぞれの課題が相互に関係し合うようにして生じることにより，ますます多様化・複雑化していると言える。多様化・複雑化する地域課題を前にして，社会教育施設の果たす役割が改めて問われており，住民の学習活動や地域活動の支援を通じて，その解決に寄与していくことが期待されている。社会教育施設の経営目標の設定においても，この点への対応が求められる。

　そもそも，地域課題の解決は，従来から，社会教育施設全般に共通する目的の一つであったといってよいだろう。とりわけ，公民館については，もともと，戦後の荒廃した地域を復興することを目的に，社会娯楽，町村自治振興，産業振興，青年養成といった機能を期待して構想されたという経緯がある。しかし，当然ではあるが，地域課題は，時代や場所によってその内容が変化する。公民館が構想された戦後の間もない時点と現在では，その様相は一変しているということになろう。例えば，近年では，社会のグローバル化を背景に，外国人のための学習機会の充実が課題となっている地域も多く，社会教育施設においても具体的な対応が求められている。また，大規模災害の頻発により，地域の防災拠点としての社会教育施設の役割に対する期待も大きくなっている。実際の災害発生時に避難場所として機能するだけでなく，平時から防災や減災のための学習プログラムの開発・実施に取り組んでいる施設も多い。

　また，地域課題の解決に向けた学習支援では，その手法にも様々な工夫がなされている。例えば，出前講座や移動図書館のような，アウトリーチ活動の実践は古くから取り組まれている。社会教育施設を利用することに物理的・経済的，あるいは，心理的な困難を抱える者への働きかけは，地域福祉の観点から見ても，今後，更にその必要性や意義が増していくはずである。

　社会教育施設が地域課題に取り組む際，その内容がどのようなものであっても，住民の学習活動や地域活動の支援を通して解決を目指すことになるが，社会の要請に応えた学習機会に対するニーズは潜在的である場合も多く，必ずしも多くの受講者や参

加者が期待できるわけではない。地域課題の解決といった経営目標の成果を測る際には，受講者数や参加者数のような事業実績だけでなく，受講者・参加者の学習や活動後の変容といった質的評価や中・長期的な評価を重視することも必要である。

(3) 地域住民の参加

　地域課題の解決のためには，戦略的な計画とそれぞれの地域の実情に即した事業展開が，社会教育施設に求められる。そのため，社会教育施設の職員には，地域住民の学習要求を把握することが求められるという前提に加え，施設の方針や計画に地域住民の意向が反映されるよう努めることも求められている。

　公民館，図書館，博物館では，地域住民の意向を反映させるための具体的な制度が用意されている。社会教育法，図書館法，博物館法では，それぞれ，公民館運営審議会，図書館協議会，博物館協議会に関する規定がなされており，それらがその具体的な制度として位置付けられる。いずれも，任意設置の機関ではあるが，館長の諮問機関として，その役割が重視されてきたものである。

　それぞれの委員の委嘱については，いずれも，文部科学省令で定める基準を参酌するものとされており，「学校教育及び社会教育の関係者，家庭教育の向上に資する活動を行う者並びに学識経験のある者」という基準が共通して示されている。地域の教育事情に精通した委員の存在が，施設経営の充実に資するところは大きい。

　そもそも必置であった公民館運営審議会が，平成11（1999）年の社会教育法改正によって，任意設置へと変更されたように，これらの審議会・協議会についても，規制緩和・弾力化の対象とされてきたこれまでの経緯があるが，後で述べるように，行政における社会教育施設の位置付けそのものが流動化している現状からすれば，住民の意向を反映させる仕組みが制度として用意されていることの意義は今後も変わらずに大きいと言える。

　その他にも，詳しくは後述するように，平成15（2003）年の地方自治法の改正に伴う指定管理者制度の導入も，施設経営への住民参加という観点から注目されている。多様な参加の機会や形態が想定されるようになってきていることは，住民参加の可能性が広がるという点で意味があることと考えられる。

(4) 社会教育施設の資源

　地域課題の解決や住民参加の在り方については，社会教育施設の「運営」という場合においても，一貫して意識されてきたことであるが，「経営」という言葉が用いら

れる場合には，それらに加え，効率性の追求の観点からみた，資源の活用も一層重視されることになる。資源という場合，一般に，ヒト・モノ・カネの三つが挙げられることが多いが，これらを社会教育施設の文脈で捉えれば，社会教育の経営に必要とされる人的資源（職員・ボランティア）・物的資源（建物・設備・物品）・資金ということになろう。

　物的資源については，社会教育施設の物理的な環境を構成するものとして，施設活動の前提をなしている。図書館や博物館では，図書や収蔵品などの資料が施設活動の核となるし，その他の社会教育施設でも，建物の設計や設備の配置などに，そこでの学習を支援するための工夫や配慮が施されていることになる。

　また，資金については，公立の社会教育施設の場合，公的に賄われることが基本となるため，無駄なく効率的に用いることが，運営者の当然の責務である。加えて，近年では，社会教育施設の運営資金に関しても，多様な調達手法を活用することが期待されている。インターネットを通して，不特定多数の人々から資金の提供を募るクラウドファンディングの手法が公共事業でも活用されるようになり，注目されている。博物館や図書館の領域でも，クラウドファンディングの先駆的事例が出てきており，そうした取組は，自助努力による資金調達に加え，施設の理念や活動目的に共感した人々が，資金提供者として，直接，その運営や事業に関わることを可能にしている。こうした新しい手法の活用を含めた，柔軟な資金調達の発想が，社会教育施設の活性化につながるということも考えられる。

　そして，そのような柔軟な発想をできるヒト，つまり，人的資源の存在が，物的資源・資金と並んで，社会教育施設の経営では重要になるといってよい。たとえ，物的資源や資金に限界があっても，それを補い，施設の更なる発展を可能にするのは，職員の創意工夫や能力である。社会教育施設のうち，図書館，博物館には，専門的職員として司書，学芸員が配置され，共に資格として制定されている。公民館には，事業の実施を担う職員として主事を置くことができ，資格化はされていないものの，社会教育に関する専門的知見や技術を発揮することが期待されている。社会教育施設の職員は，個別事業の実施のみでなく，施設全体を見渡し，その適切な運営の実現にも責任を負っていることになる。それゆえ，その職務や役割にも，経営的事項を含め，施設活動の全てに関わる総合性が求められる。

　また，人的資源という点では，社会教育施設で活躍するボランティアの存在もある。ただし，ボランティアに関しては，社会教育施設での活動を通して自己実現・自己形成を図る学習者としての側面が大切であるということも忘れてはならない。この

点については，教育行政によるボランティア活動推進の理由として，生涯学習とボランティア活動の関連が指摘されてきた。

　社会教育施設の経営に当たっては，このような経営資源を十分に把握した上で，経営戦略を練り，計画を立案することが重要である。

4　社会教育施設の経営に関する手法

(1) PFIによる民間活力の導入

　社会教育施設の具体的な経営形態については多様化が進展している。その主たる原因として，公共施設の設置運営において，いわゆる「民間の活力」の導入・活用が目指され，そのための具体的な制度が整備されてきた経緯が挙げられる。公立の社会教育施設についても，その制度に則るかたちで，新たな経営形態が登場してきている。

　平成11（1999）年に制定された「民間資金等の活用による公共施設等の整備等の促進に関する法律」は，一般に「PFI（Private Finance Initiative）法」と称されるもので，その趣旨は，教育文化施設を含めた公共施設の建設や運営等に，民間の資金，経営能力及び技術的能力を活用することによって，効率的かつ効果的に，社会資本の整備や国民へのサービス提供を実現することにある。PFIとは，もともとイギリスにおいて，1992年に行財政改革を目的として導入されたものであり，公共事業における民間資金の調達・活用を推進することにより，単に，公共サービスの向上だけでなく，行政のスリム化や財政の効率化をも達成することを目的とするものである。

　PFI法については，平成23（2011）年に改正がなされ，新たに「公共施設等運営権」が創設された。これにより，施設の所有権を管理者である公共主体に残したまま，民間事業者に運営権を設定することが可能となり，運営権を有する民間事業者が，利用料金を自らの収入とすることなどを前提に，安定的で自由度の高い運営を実現できるように図られている。この「公共施設等運営権」を活用した施設運営の方式は，「コンセッション方式」と呼ばれる。

　この改正からも分かるように，この間，PFIを利用した民間の資金・ノウハウの活用については，その幅が広げられてきており，コンセッション方式の導入対象についても，一層の拡大が政府方針として目指されている。社会教育施設への導入例としては，国立女性教育会館（平成27［2015］年から導入）が挙げられるが，その数はまだ少数に留まっている。ただし，平成30（2018）年には，文部科学省が「文教施設におけるコンセッション事業に関する導入の手引き」を作成するなど，社会教育施設の設置運営においても，その活用が推進されている現状がある。

ちなみに，PFIと併記されることが多い言葉に"PPP"がある。PPPとは，"Public Private Partnership"の略であり，公共事業における官と民との協力関係を示す概念となる。このPPPを実現する具体的な一つの手法がPFIであると理解すればよいだろう。

(2) 指定管理者制度の導入・活用

　PFIと同じく，PPPの一つの手法と位置付けられるのが，指定管理者制度である。指定管理者制度とは，平成15（2003）年の地方自治法の改正により導入されたもので，地方公共団体が設置する「公の施設」について，地方公共団体が指定する管理者に，その管理・運営を代行させることを可能にした制度である。これにより，従来よりも，公の施設の管理・運営を委任できる対象が広がり，営利企業やNPO法人，地域団体等の民間事業者も指定管理者として参入できることになった。民間のノウハウや創意工夫を活かした施設経営の活性化が期待されることに加え，地域住民や利用者がNPO法人や任意団体を組織し，指定管理者として施設経営を直接担うといったことが可能となった点にも，この制度の利点を見出すことができる。先に指摘したように，指定管理者制度が，施設経営への住民参加という観点からも注目されるのは，後者の利点のためである。

　文部科学省による平成27（2015）年度社会教育調査によれば，公立の社会教育施設のうち，指定管理者を導入している施設は，全体の28.9％となっている。この割合については，平成17（2005）年度，平成20（2008）年度，平成23（2011）年度のそれぞれの社会教育調査で，14.3％，23.4％，26.2％となっており，制度の創設以降，その導入率は一貫して上昇している。社会教育施設の種類別にみても，上昇傾向にあることは共通しているが，平成27（2015）年度調査での，それぞれの導入率は，公民館8.8％，図書館15.6％，博物館23.9％，博物館類似施設31.1％，青少年教育施設41.0％，女性教育施設34.1％，社会体育施設39.0％，劇場，音楽堂等57.7％，生涯学習センター26.9％となっており，施設の種類によって，導入状況に差があることが分かる。劇場，音楽堂等が6割近い導入率であるのに対し，公民館では1割を下回っているように，施設の種類間でかなりの開きがある状況といってよいだろう。

　劇場，音楽堂等では，舞台設営や音響・照明の技術に長けた民間事業者が指定管理者になっている施設が多い。一方で，公民館では，自治会や町内会等の地縁団体が指定管理者になっている施設が多いという特徴が確認できる。地縁団体が指定管理者に

なることは，既に指摘したように，地域住民が社会教育施設の運営を直接担うという点での，指定管理者制度の活用例と言える。平成27（2015）年度の社会教育調査では，指定管理者を導入している公民館1,303館のうち，地縁団体を指定管理者としている施設が350館を占めている。社会体育施設を見てみると，347施設が地縁団体を指定管理者としているが，社会体育施設の場合，指定管理者を導入している施設数が10,604施設であるので，公民館における指定管理者のうちの地縁団体が占める割合が高いことが分かる。

このように，指定管理者の受け皿となる民間事業者は施設の種類ごとに異なり，民間のノウハウや創意工夫の活用の余地についても，社会教育施設で一様というわけではないということであろう。

(3) 経営手法の導入と課題

PFIや指定管理者制度の導入に代表されるPPPの推進は，社会教育行政の領域のみで図られてきたわけではなく，行政全体の方針として示されてきたものである。特に，空港や下水道，有料道路等の利用者からの料金徴収を前提とした施設において，その積極的な導入が図られてきたと言える。

一方で，社会教育施設の場合，例えば，公立図書館のように利用料金の徴収が行われない施設も多く，収益という点では限界もある。また，社会教育施設への指定管理者制度の導入をめぐっては，指定管理者の選定において，通常，3年から5年程度の契約期間が設けられるため，人材養成や資料収集等において施設運営の長期的展望が描きにくく，継続性という点から課題も指摘されている。社会教育施設へのPPPの導入を検討するに当たっては，施設の機能や役割に十分に留意することが肝要である。

平成31（2019）年4月には，大阪市が初めて，市立の博物館・美術館5館の運営を一括して地方独立行政法人化した。地方独立行政法人制度については，当初，その導入可能な対象が，介護老人保健施設や会議場施設等に限定されていたが，大阪市をはじめとする地方からの要望を受け，関連政令の改正等がなされた結果，博物館もその対象に追加されるに至っている。博物館，美術館の地方独立行政法人化により，施設運営の継続性や安定性がある程度保障されることも考えられる。

このように，社会教育施設の経営形態は多様化している。社会教育施設の範疇には，様々な種類や規模のものが含まれるため，その全てに一様に適用できるような理想的な経営方法などはあり得ず，それぞれの施設ごとの特性や地域の事情を考慮した経営方法の模索が引き続き必要とされる。

5　社会教育施設をめぐるその他の動向

(1) 社会教育施設の複合化・集約化

　社会教育施設をめぐる状況の変化としては，新たな経営手法の導入に加え，その複合化・集約化の推進も挙げられる。

　人口減少や少子高齢化の進展，経済の悪化等を背景に財政状況が厳しくなる中，国や地方公共団体には，老朽化したインフラの維持管理・更新等を着実に推進することが求められている。インフラに求められる役割や機能を再確認し，その必要性自体を再検討するとともに，必要性が認められる場合は，更新等の機会を捉えて社会の変化に応じた質的向上や機能転換，用途変更や複合化・集約化を図る一方，必要性が認められない場合は，廃止・撤去を進めるなど，戦略的な取組が推進されている（詳しくは，インフラ老朽化対策の推進に関する関係省庁連絡会議「インフラ長寿命化基本計画」［平成25年11月］を参照のこと）。

　社会教育施設においても，施設の老朽化は，地方公共団体の抱える共通の課題となっている。その対策として，行政サービスの効率的な提供やコストの削減，機能向上を踏まえながら，社会教育施設をその他の公共施設との複合施設として設置したり，同一地区に集約して設置したりするなどの施設の複合化・集約化が見られるようになってきた。

　複合化のパターンには，社会教育施設同士や学校との複合に加え，教育以外の施設と複合されるものもある。教育以外の施設との複合では，公民館に行政サービスの支所・出張所が併設されるといった従来からよく見られたような形態に加え，図書館に高齢者のための福祉施設や病院が複合されるといった新しい事例も現れてきており，地域福祉の課題に総合的に取り組むというコンセプトが注目されている。施設の複合化により，社会教育行政と関連行政，民間等との連携が図られ，地域の複合的な課題に効果的に対応することが期待されている事例である。また，図書館については，地域住民の交流促進や市民活動を支援するための施設と複合されるケースも多くなっており，地域活性化の拠点としても期待されている。

(2) 社会教育施設の首長部局による所管

　今後の社会教育施設の経営を展望する上で，その所管の在り方も重要な論点となってきている。

　令和元（2019）年6月に公布された，地域の自主性及び自律性を高めるための改

革の推進を図るための関係法律の整備に関する法律（第9次地方分権一括法）により，社会教育法，図書館法，博物館法，地方教育行政の組織及び運営に関する法律が改正され，地方公共団体の判断で，条例を定めることにより，社会教育施設を首長部局で所管することが可能となった。

　この改正に先立って，平成30（2018）年の中央教育審議会答申「人口減少時代の新しい地域づくりに向けた社会教育の振興方策について」の中で，首長部局による社会教育施設の所管については，詳しく言及されている。そこでは，首長部局による所管を条件付きで認める理由として，社会教育施設の事業と，まちづくり，観光等の他の行政分野の事業を一体的に推進することにより成果向上の可能性があること，首長部局の所管する行政分野における人的・物的資源や専門知識，ノウハウ，ネットワーク等を社会教育施設にも活用できること，これまでに社会教育とは関わりのなかったような多様な人材を発掘・育成し，社会教育での活躍を導くことにつながる可能性があること等が指摘されている。

　同時に，この答申では，実際に首長部局が社会教育施設を所管するとした場合も，そこでの社会教育の適切な実施が確保されるような在り方を検討する必要が指摘されている。そのために留意すべき点として，教育行政としての一体性・専門性の確保が挙げられており，あくまで教育施設としての性格が損なわれないように配慮すべき旨が言及されている点も重要である。実際，第9次地方分権一括法により改正された地方教育行政の組織及び運営に関する法律では，首長部局が所管する社会教育施設に関して，その管理運営の基礎的事項について規則を定める際には，あらかじめ教育委員会と協議することが義務付けられるなど，社会教育の適切な実施を確保するための規定も設けられた。

　社会教育施設を首長部局が所管する利点を生かすためにも，首長部局の社会教育に対する理解を更に深めていくことが求められる。そのために，社会教育行政には，総合教育会議等の機会を活用するなどして，積極的に働きかけていくことが求められるであろう。また，専門性の確保という点では，首長部局においても，司書・学芸員といった社会教育施設の専門的職員の充実が図られることが望まれる。

　社会教育施設を取り巻く状況や制度は大きく変化してきている。社会教育施設の設置が進められてきた歴史的経緯や，これまでの社会教育の実践の蓄積に鑑み，社会教育施設ならではの経営戦略を策定することが求められている。

（大木　真徳）

参考資料

教育基本法

（平成十八年十二月二十二日法律第百二十号）

教育基本法（昭和二十二年法律第二十五号）の全部を改正する。

目次
　前文
　第一章　教育の目的及び理念（第一条―第四条）
　第二章　教育の実施に関する基本（第五条―第十五条）
　第三章　教育行政（第十六条・第十七条）
　第四章　法令の制定（第十八条）
　附則

　我々日本国民は，たゆまぬ努力によって築いてきた民主的で文化的な国家を更に発展させるとともに，世界の平和と人類の福祉の向上に貢献することを願うものである。
　我々は，この理想を実現するため，個人の尊厳を重んじ，真理と正義を希求し，公共の精神を尊び，豊かな人間性と創造性を備えた人間の育成を期するとともに，伝統を継承し，新しい文化の創造を目指す教育を推進する。
　ここに，我々は，日本国憲法の精神にのっとり，我が国の未来を切り拓く教育の基本を確立し，その振興を図るため，この法律を制定する。

第一章　教育の目的及び理念

（教育の目的）
第一条　教育は，人格の完成を目指し，平和で民主的な国家及び社会の形成者として必要な資質を備えた心身ともに健康な国民の育成を期して行われなければならない。
（教育の目標）
第二条　教育は，その目的を実現するため，学問の自由を尊重しつつ，次に掲げる目標を達成するよう行われるものとする。
　一　幅広い知識と教養を身に付け，真理を求める態度を養い，豊かな情操と道徳心を培うとともに，健やかな身体を養うこと。
　二　個人の価値を尊重して，その能力を伸ばし，創造性を培い，自主及び自律の精神を養うとともに，職業及び生活との関連を重視し，勤労を重んずる態度を養うこと。

　三　正義と責任，男女の平等，自他の敬愛と協力を重んずるとともに，公共の精神に基づき，主体的に社会の形成に参画し，その発展に寄与する態度を養うこと。

　四　生命を尊び，自然を大切にし，環境の保全に寄与する態度を養うこと。

　五　伝統と文化を尊重し，それらをはぐくんできた我が国と郷土を愛するとともに，他国を尊重し，国際社会の平和と発展に寄与する態度を養うこと。

（生涯学習の理念）

第三条　国民一人一人が，自己の人格を磨き，豊かな人生を送ることができるよう，その生涯にわたって，あらゆる機会に，あらゆる場所において学習することができ，その成果を適切に生かすことのできる社会の実現が図られなければならない。

（教育の機会均等）

第四条　すべて国民は，ひとしく，その能力に応じた教育を受ける機会を与えられなければならず，人種，信条，性別，社会的身分，経済的地位又は門地によって，教育上差別されない。

2　国及び地方公共団体は，障害のある者が，その障害の状態に応じ，十分な教育を受けられるよう，教育上必要な支援を講じなければならない。

3　国及び地方公共団体は，能力があるにもかかわらず，経済的理由によって修学が困難な者に対して，奨学の措置を講じなければならない。

　　　　第二章　教育の実施に関する基本

（義務教育）

第五条　国民は，その保護する子に，別に法律で定めるところにより，普通教育を受けさせる義務を負う。

2　義務教育として行われる普通教育は，各個人の有する能力を伸ばしつつ社会において自立的に生きる基礎を培い，また，国家及び社会の形成者として必要とされる基本的な資質を養うことを目的として行われるものとする。

3　国及び地方公共団体は，義務教育の機会を保障し，その水準を確保するため，適切な役割分担及び相互の協力の下，その実施に責任を負う。

4　国又は地方公共団体の設置する学校における義務教育については，授業料を徴収しない。

（学校教育）

第六条　法律に定める学校は，公の性質を有するものであって，国，地方公共団体及び法律に定める法人のみが，これを設置することができる。

2　前項の学校においては，教育の目標が達成されるよう，教育を受ける者の心身の発達に応じて，体系的な教育が組織的に行われなければならない。この場合において，教育を受ける者が，学校生活を営む上で必要な規律を重んずるとともに，自ら進んで学習に取り組む意欲を高めることを重視して行われなければならない。

参考資料

　（大学）

第七条　大学は，学術の中心として，高い教養と専門的能力を培うとともに，深く真理を探
　究して新たな知見を創造し，これらの成果を広く社会に提供することにより，社会の発展
　に寄与するものとする。

2　大学については，自主性，自律性その他の大学における教育及び研究の特性が尊重され
　なければならない。

　（私立学校）

第八条　私立学校の有する公の性質及び学校教育において果たす重要な役割にかんがみ，国
　及び地方公共団体は，その自主性を尊重しつつ，助成その他の適当な方法によって私立学
　校教育の振興に努めなければならない。

　（教員）

第九条　法律に定める学校の教員は，自己の崇高な使命を深く自覚し，絶えず研究と修養に
　励み，その職責の遂行に努めなければならない。

2　前項の教員については，その使命と職責の重要性にかんがみ，その身分は尊重され，待
　遇の適正が期せられるとともに，養成と研修の充実が図られなければならない。

　（家庭教育）

第十条　父母その他の保護者は，子の教育について第一義的責任を有するものであって，生
　活のために必要な習慣を身に付けさせるとともに，自立心を育成し，心身の調和のとれた
　発達を図るよう努めるものとする。

2　国及び地方公共団体は，家庭教育の自主性を尊重しつつ，保護者に対する学習の機会及
　び情報の提供その他の家庭教育を支援するために必要な施策を講ずるよう努めなければな
　らない。

　（幼児期の教育）

第十一条　幼児期の教育は，生涯にわたる人格形成の基礎を培う重要なものであることにか
　んがみ，国及び地方公共団体は，幼児の健やかな成長に資する良好な環境の整備その他適
　当な方法によって，その振興に努めなければならない。

　（社会教育）

第十二条　個人の要望や社会の要請にこたえ，社会において行われる教育は，国及び地方公
　共団体によって奨励されなければならない。

2　国及び地方公共団体は，図書館，博物館，公民館その他の社会教育施設の設置，学校の
　施設の利用，学習の機会及び情報の提供その他の適当な方法によって社会教育の振興に努
　めなければならない。

　（学校，家庭及び地域住民等の相互の連携協力）

第十三条　学校，家庭及び地域住民その他の関係者は，教育におけるそれぞれの役割と責任
　を自覚するとともに，相互の連携及び協力に努めるものとする。

（政治教育）

第十四条　良識ある公民として必要な政治的教養は，教育上尊重されなければならない。

2　法律に定める学校は，特定の政党を支持し，又はこれに反対するための政治教育その他政治的活動をしてはならない。

（宗教教育）

第十五条　宗教に関する寛容の態度，宗教に関する一般的な教養及び宗教の社会生活における地位は，教育上尊重されなければならない。

2　国及び地方公共団体が設置する学校は，特定の宗教のための宗教教育その他宗教的活動をしてはならない。

第三章　教育行政

（教育行政）

第十六条　教育は，不当な支配に服することなく，この法律及び他の法律の定めるところにより行われるべきものであり，教育行政は，国と地方公共団体との適切な役割分担及び相互の協力の下，公正かつ適正に行われなければならない。

2　国は，全国的な教育の機会均等と教育水準の維持向上を図るため，教育に関する施策を総合的に策定し，実施しなければならない。

3　地方公共団体は，その地域における教育の振興を図るため，その実情に応じた教育に関する施策を策定し，実施しなければならない。

4　国及び地方公共団体は，教育が円滑かつ継続的に実施されるよう，必要な財政上の措置を講じなければならない。

（教育振興基本計画）

第十七条　政府は，教育の振興に関する施策の総合的かつ計画的な推進を図るため，教育の振興に関する施策についての基本的な方針及び講ずべき施策その他必要な事項について，基本的な計画を定め，これを国会に報告するとともに，公表しなければならない。

2　地方公共団体は，前項の計画を参酌し，その地域の実情に応じ，当該地方公共団体における教育の振興のための施策に関する基本的な計画を定めるよう努めなければならない。

第四章　法令の制定

第十八条　この法律に規定する諸条項を実施するため，必要な法令が制定されなければならない。

附　則（省略）

社会教育法

（昭和二四年六月十日法律第二百七号）
［最近改正：令和元年六月七日法律第二十六号］

目次

　　　第一章　総則

（この法律の目的）
第一条　この法律は，教育基本法（平成十八年法律第百二十号）の精神に則り，社会教育に
　関する国及び地方公共団体の任務を明らかにすることを目的とする。
（社会教育の定義）
第二条　この法律において「社会教育」とは，学校教育法（昭和二十二年法律第二十六号）
　又は就学前の子どもに関する教育，保育等の総合的な提供の推進に関する法律（平成十八
　年法律第七十七号）に基づき，学校の教育課程として行われる教育活動を除き，主として
　青少年及び成人に対して行われる組織的な教育活動（体育及びレクリエーションの活動を
　含む。）をいう。
（国及び地方公共団体の任務）
第三条　国及び地方公共団体は，この法律及び他の法令の定めるところにより，社会教育の
　奨励に必要な施設の設置及び運営，集会の開催，資料の作製，頒布その他の方法により，
　すべての国民があらゆる機会，あらゆる場所を利用して，自ら実際生活に即する文化的教
　養を高め得るような環境を醸成するように努めなければならない。
2　国及び地方公共団体は，前項の任務を行うに当たつては，国民の学習に対する多様な需
　要を踏まえ，これに適切に対応するために必要な学習の機会の提供及びその奨励を行うこ
　とにより，生涯学習の振興に寄与することとなるよう努めるものとする。

3 国及び地方公共団体は，第一項の任務を行うに当たつては，社会教育が学校教育及び家庭教育との密接な関連性を有することにかんがみ，学校教育との連携の確保に努め，及び家庭教育の向上に資することとなるよう必要な配慮をするとともに，学校，家庭及び地域住民その他の関係者相互間の連携及び協力の促進に資することとなるよう努めるものとする。

（国の地方公共団体に対する援助）

第四条 前条第一項の任務を達成するために，国は，この法律及び他の法令の定めるところにより，地方公共団体に対し，予算の範囲内において，財政的援助並びに物資の提供及びそのあつせんを行う。

（市町村の教育委員会の事務）

第五条 市（特別区を含む。以下同じ。）町村の教育委員会は，社会教育に関し，当該地方の必要に応じ，予算の範囲内において，次の事務を行う。

一 社会教育に必要な援助を行うこと。

二 社会教育委員の委嘱に関すること。

三 公民館の設置及び管理に関すること。

四 所管に属する図書館，博物館，青年の家その他の社会教育施設の設置及び管理に関すること。

五 所管に属する学校の行う社会教育のための講座の開設及びその奨励に関すること。

六 講座の開設及び討論会，講習会，講演会，展示会その他の集会の開催並びにこれらの奨励に関すること。

七 家庭教育に関する学習の機会を提供するための講座の開設及び集会の開催並びに家庭教育に関する情報の提供並びにこれらの奨励に関すること。

八 職業教育及び産業に関する科学技術指導のための集会の開催並びにその奨励に関すること。

九 生活の科学化の指導のための集会の開催及びその奨励に関すること。

十 情報化の進展に対応して情報の収集及び利用を円滑かつ適正に行うために必要な知識又は技能に関する学習の機会を提供するための講座の開設及び集会の開催並びにこれらの奨励に関すること。

十一 運動会，競技会その他体育指導のための集会の開催及びその奨励に関すること。

十二 音楽，演劇，美術その他芸術の発表会等の開催及びその奨励に関すること。

十三 主として学齢児童及び学齢生徒（それぞれ学校教育法第十八条に規定する学齢児童及び学齢生徒をいう。）に対し，学校の授業の終了後又は休業日において学校，社会教育施設その他適切な施設を利用して行う学習その他の活動の機会を提供する事業の実施並びにその奨励に関すること。

十四 青少年に対しボランティア活動など社会奉仕体験活動，自然体験活動その他の体験

活動の機会を提供する事業の実施及びその奨励に関すること。

十五　社会教育における学習の機会を利用して行つた学習の成果を活用して学校，社会教育施設その他地域において行う教育活動その他の活動の機会を提供する事業の実施及びその奨励に関すること。

十六　社会教育に関する情報の収集，整理及び提供に関すること。

十七　視聴覚教育，体育及びレクリエーションに必要な設備，器材及び資料の提供に関すること。

十八　情報の交換及び調査研究に関すること。

十九　その他第三条第一項の任務を達成するために必要な事務

2　市町村の教育委員会は，前項第十三号から第十五号までに規定する活動であつて地域住民その他の関係者（以下この項及び第九条の七第二項において「地域住民等」という。）が学校と協働して行うもの（以下「地域学校協働活動」という。）の機会を提供する事業を実施するに当たつては，地域住民等の積極的な参加を得て当該地域学校協働活動が学校との適切な連携の下に円滑かつ効果的に実施されるよう，地域住民等と学校との連携協力体制の整備，地域学校協働活動に関する普及啓発その他の必要な措置を講ずるものとする。

3　地方教育行政の組織及び運営に関する法律（昭和三十一年法律第百六十二号）第二十三条第一項の条例の定めるところによりその長が同項第一号に掲げる事務（以下「特定事務」という。）を管理し，及び執行することとされた地方公共団体（以下「特定地方公共団体」という。）である市町村にあつては，第一項の規定にかかわらず，同項第三号及び第四号の事務のうち特定事務に関するものは，その長が行うものとする。

（都道府県の教育委員会の事務）

第六条　都道府県の教育委員会は，社会教育に関し，当該地方の必要に応じ，予算の範囲内において，前条第一項各号の事務（同項第三号の事務を除く。）を行うほか，次の事務を行う。

一　公民館及び図書館の設置及び管理に関し，必要な指導及び調査を行うこと。

二　社会教育を行う者の研修に必要な施設の設置及び運営，講習会の開催，資料の配布等に関すること。

三　社会教育施設の設置及び運営に必要な物資の提供及びそのあつせんに関すること。

四　市町村の教育委員会との連絡に関すること。

五　その他法令によりその職務権限に属する事項

2　前条第二項の規定は，都道府県の教育委員会が地域学校協働活動の機会を提供する事業を実施する場合に準用する。

3　特定地方公共団体である都道府県にあつては，第一項の規定にかかわらず，前条第一項第四号の事務のうち特定事務に関するものは，その長が行うものとする。

（教育委員会と地方公共団体の長との関係）

第七条　地方公共団体の長は，その所掌に関する必要な広報宣伝で視聴覚教育の手段を利用することその他教育の施設及び手段によることを適当とするものにつき，教育委員会に対し，その実施を依頼し，又は実施の協力を求めることができる。

2　前項の規定は，他の行政庁がその所掌に関する必要な広報宣伝につき，教育委員会（特定地方公共団体にあつては，その長又は教育委員会）に対し，その実施を依頼し，又は実施の協力を求める場合に準用する。

第八条　教育委員会は，社会教育に関する事務を行うために必要があるときは，当該地方公共団体の長及び関係行政庁に対し，必要な資料の提供その他の協力を求めることができる。

第八条の二　特定地方公共団体の長は，特定事務のうち当該特定地方公共団体の教育委員会の所管に属する学校，社会教育施設その他の施設における教育活動と密接な関連を有するものとして当該特定地方公共団体の規則で定めるものを管理し，及び執行するに当たつては，当該教育委員会の意見を聴かなければならない。

2　特定地方公共団体の長は，前項の規則を制定し，又は改廃しようとするときは，あらかじめ，当該特定地方公共団体の教育委員会の意見を聴かなければならない。

第八条の三　特定地方公共団体の教育委員会は，特定事務の管理及び執行について，その職務に関して必要と認めるときは，当該特定地方公共団体の長に対し，意見を述べることができる。

（図書館及び博物館）

第九条　図書館及び博物館は，社会教育のための機関とする。

2　図書館及び博物館に関し必要な事項は，別に法律をもつて定める。

第二章　社会教育主事等

（社会教育主事及び社会教育主事補の設置）

第九条の二　都道府県及び市町村の教育委員会の事務局に，社会教育主事を置く。

2　都道府県及び市町村の教育委員会の事務局に，社会教育主事補を置くことができる。

（社会教育主事及び社会教育主事補の職務）

第九条の三　社会教育主事は，社会教育を行う者に専門的技術的な助言と指導を与える。ただし，命令及び監督をしてはならない。

2　社会教育主事は，学校が社会教育関係団体，地域住民その他の関係者の協力を得て教育活動を行う場合には，その求めに応じて，必要な助言を行うことができる。

3　社会教育主事補は，社会教育主事の職務を助ける。

（社会教育主事の資格）

第九条の四　次の各号のいずれかに該当する者は，社会教育主事となる資格を有する。

　一　大学に二年以上在学して六十二単位以上を修得し，又は高等専門学校を卒業し，かつ，次に掲げる期間を通算した期間が三年以上になる者で，次条の規定による社会教育主事の講習を修了したもの

　　イ　社会教育主事補の職にあつた期間

　　ロ　官公署，学校，社会教育施設又は社会教育関係団体における職で司書，学芸員その他の社会教育主事補の職と同等以上の職として文部科学大臣の指定するものにあつた期間

　　ハ　官公署，学校，社会教育施設又は社会教育関係団体が実施する社会教育に関係のある事業における業務であつて，社会教育主事として必要な知識又は技能の習得に資するものとして文部科学大臣が指定するものに従事した期間（イ又はロに掲げる期間に該当する期間を除く。）

　二　教育職員の普通免許状を有し，かつ，五年以上文部科学大臣の指定する教育に関する職にあつた者で，次条の規定による社会教育主事の講習を修了したもの

　三　大学に二年以上在学して，六十二単位以上を修得し，かつ，大学において文部科学省令で定める社会教育に関する科目の単位を修得した者で，第一号イからハまでに掲げる期間を通算した期間が一年以上になるもの

　四　次条の規定による社会教育主事の講習を修了した者（第一号及び第二号に掲げる者を除く。）で，社会教育に関する専門的事項について前三号に掲げる者に相当する教養と経験があると都道府県の教育委員会が認定したもの

（社会教育主事の講習）

第九条の五　社会教育主事の講習は，文部科学大臣の委嘱を受けた大学その他の教育機関が行う。

2　受講資格その他社会教育主事の講習に関し必要な事項は，文部科学省令で定める。

（社会教育主事及び社会教育主事補の研修）

第九条の六　社会教育主事及び社会教育主事補の研修は，任命権者が行うもののほか，文部科学大臣及び都道府県が行う。

（地域学校協働活動推進員）

第九条の七　教育委員会は，地域学校協働活動の円滑かつ効果的な実施を図るため，社会的信望があり，かつ，地域学校協働活動の推進に熱意と識見を有する者のうちから，地域学校協働活動推進員を委嘱することができる。

2　地域学校協働活動推進員は，地域学校協働活動に関する事項につき，教育委員会の施策に協力して，地域住民等と学校との間の情報の共有を図るとともに，地域学校協働活動を行う地域住民等に対する助言その他の援助を行う。

第三章　社会教育関係団体

(社会教育関係団体の定義)

第十条　この法律で「社会教育関係団体」とは，法人であると否とを問わず，公の支配に属しない団体で社会教育に関する事業を行うことを主たる目的とするものをいう。

(文部科学大臣及び教育委員会との関係)

第十一条　文部科学大臣及び教育委員会は，社会教育関係団体の求めに応じ，これに対し，専門的技術的指導又は助言を与えることができる。

2　文部科学大臣及び教育委員会は，社会教育関係団体の求めに応じ，これに対し，社会教育に関する事業に必要な物資の確保につき援助を行う。

(国及び地方公共団体との関係)

第十二条　国及び地方公共団体は，社会教育関係団体に対し，いかなる方法によつても，不当に統制的支配を及ぼし，又はその事業に干渉を加えてはならない。

(審議会等への諮問)

第十三条　国又は地方公共団体が社会教育関係団体に対し補助金を交付しようとする場合には，あらかじめ，国にあつては文部科学大臣が審議会等（国家行政組織法（昭和二十三年法律第百二十号）第八条に規定する機関をいう。第五十一条第三項において同じ。）で政令で定めるものの，地方公共団体にあつては教育委員会が社会教育委員の会議（社会教育委員が置かれていない場合には，条例で定めるところにより社会教育に係る補助金の交付に関する事項を調査審議する審議会その他の合議制の機関）の意見を聴いて行わなければならない。

(報告)

第十四条　文部科学大臣及び教育委員会は，社会教育関係団体に対し，指導資料の作製及び調査研究のために必要な報告を求めることができる。

第四章　社会教育委員

(社会教育委員の設置)

第十五条　都道府県及び市町村に社会教育委員を置くことができる。

2　社会教育委員は，教育委員会が委嘱する。

第十六条　削除

(社会教育委員の職務)

第十七条　社会教育委員は，社会教育に関し教育委員会に助言するため，次の職務を行う。

一　社会教育に関する諸計画を立案すること。

　　二　定時又は臨時に会議を開き，教育委員会の諮問に応じ，これに対して，意見を述べる
　　　こと。

　　三　前二号の職務を行うために必要な研究調査を行うこと。

2　社会教育委員は，教育委員会の会議に出席して社会教育に関し意見を述べることができ
　る。

3　市町村の社会教育委員は，当該市町村の教育委員会から委嘱を受けた青少年教育に関す
　る特定の事項について，社会教育関係団体，社会教育指導者その他関係者に対し，助言と
　指導を与えることができる。

　（社会教育委員の委嘱の基準等）

第十八条　社会教育委員の委嘱の基準，定数及び任期その他社会教育委員に関し必要な事項
　は，当該地方公共団体の条例で定める。この場合において，社会教育委員の委嘱の基準に
　ついては，文部科学省令で定める基準を参酌するものとする。

第十九条　削除

　　　第五章　公民館

　（目的）

第二十条　公民館は，市町村その他一定区域内の住民のために，実際生活に即する教育，学
　術及び文化に関する各種の事業を行い，もつて住民の教養の向上，健康の増進，情操の純
　化を図り，生活文化の振興，社会福祉の増進に寄与することを目的とする。

　（公民館の設置者）

第二十一条　公民館は，市町村が設置する。

2　前項の場合を除くほか，公民館は，公民館の設置を目的とする一般社団法人又は一般財
　団法人（以下この章において「法人」という。）でなければ設置することができない。

3　公民館の事業の運営上必要があるときは，公民館に分館を設けることができる。

　（公民館の事業）

第二十二条　公民館は，第二十条の目的達成のために，おおむね，左の事業を行う。但し，
　この法律及び他の法令によつて禁じられたものは，この限りでない。

　　一　定期講座を開設すること。

　　二　討論会，講習会，講演会，実習会，展示会等を開催すること。

　　三　図書，記録，模型，資料等を備え，その利用を図ること。

　　四　体育，レクリエーション等に関する集会を開催すること。

　　五　各種の団体，機関等の連絡を図ること。

　　六　その施設を住民の集会その他の公共的利用に供すること。

（公民館の運営方針）

第二十三条　公民館は，次の行為を行つてはならない。

　一　もつぱら営利を目的として事業を行い，特定の営利事業に公民館の名称を利用させその他営利事業を援助すること。

　二　特定の政党の利害に関する事業を行い，又は公私の選挙に関し，特定の候補者を支持すること。

2　市町村の設置する公民館は，特定の宗教を支持し，又は特定の教派，宗派若しくは教団を支援してはならない。

（公民館の基準）

第二十三条の二　文部科学大臣は，公民館の健全な発達を図るために，公民館の設置及び運営上必要な基準を定めるものとする。

2　文部科学大臣及び都道府県の教育委員会は，市町村の設置する公民館が前項の基準に従つて設置され及び運営されるように，当該市町村に対し，指導，助言その他の援助に努めるものとする。

（公民館の設置）

第二十四条　市町村が公民館を設置しようとするときは，条例で，公民館の設置及び管理に関する事項を定めなければならない。

第二十五条及び第二十六条　削除

（公民館の職員）

第二十七条　公民館に館長を置き，主事その他必要な職員を置くことができる。

2　館長は，公民館の行う各種の事業の企画実施その他必要な事務を行い，所属職員を監督する。

3　主事は，館長の命を受け，公民館の事業の実施にあたる。

第二十八条　市町村の設置する公民館の館長，主事その他必要な職員は，当該市町村の教育委員会（特定地方公共団体である市町村の長がその設置，管理及び廃止に関する事務を管理し，及び執行することとされた公民館（第三十条第一項及び第四十条第一項において「特定公民館」という。）の館長，主事その他必要な職員にあつては，当該市町村の長）が任命する。

（公民館の職員の研修）

第二十八条の二　第九条の六の規定は，公民館の職員の研修について準用する。

（公民館運営審議会）

第二十九条　公民館に公民館運営審議会を置くことができる。

2　公民館運営審議会は，館長の諮問に応じ，公民館における各種の事業の企画実施につき調査審議するものとする。

第三十条　市町村の設置する公民館にあつては，公民館運営審議会の委員は，当該市町村の

教育委員会（特定公民館に置く公民館運営審議会の委員にあつては，当該市町村の長）が
委嘱する。

2　前項の公民館運営審議会の委員の委嘱の基準，定数及び任期その他当該公民館運営審議
会に関し必要な事項は，当該市町村の条例で定める。この場合において，委員の委嘱の基
準については，文部科学省令で定める基準を参酌するものとする。

第三十一条　法人の設置する公民館に公民館運営審議会を置く場合にあつては，その委員
は，当該法人の役員をもつて充てるものとする。

（運営の状況に関する評価等）

第三十二条　公民館は，当該公民館の運営の状況について評価を行うとともに，その結果に
基づき公民館の運営の改善を図るため必要な措置を講ずるよう努めなければならない。

（運営の状況に関する情報の提供）

第三十二条の二　公民館は，当該公民館の事業に関する地域住民その他の関係者の理解を深
めるとともに，これらの者との連携及び協力の推進に資するため，当該公民館の運営の状
況に関する情報を積極的に提供するよう努めなければならない。

（基金）

第三十三条　公民館を設置する市町村にあつては，公民館の維持運営のために，地方自治法
（昭和二十二年法律第六十七号）第二百四十一条の基金を設けることができる。

（特別会計）

第三十四条　公民館を設置する市町村にあつては，公民館の維持運営のために，特別会計を
設けることができる。

（公民館の補助）

第三十五条　国は，公民館を設置する市町村に対し，予算の範囲内において，公民館の施
設，設備に要する経費その他必要な経費の一部を補助することができる。

2　前項の補助金の交付に関し必要な事項は，政令で定める。

第三十六条　削除

第三十七条　都道府県が地方自治法第二百三十二条の二の規定により，公民館の運営に要す
る経費を補助する場合において，文部科学大臣は，政令の定めるところにより，その補助
金の額，補助の比率，補助の方法その他必要な事項につき報告を求めることができる。

第三十八条　国庫の補助を受けた市町村は，左に掲げる場合においては，その受けた補助金
を国庫に返還しなければならない。

一　公民館がこの法律若しくはこの法律に基く命令又はこれらに基いてした処分に違反し
たとき。

二　公民館がその事業の全部若しくは一部を廃止し，又は第二十条に掲げる目的以外の用
途に利用されるようになつたとき。

三　補助金交付の条件に違反したとき。

　四　虚偽の方法で補助金の交付を受けたとき。

（法人の設置する公民館の指導）

第三十九条　文部科学大臣及び都道府県の教育委員会は，法人の設置する公民館の運営その他に関し，その求めに応じて，必要な指導及び助言を与えることができる。

（公民館の事業又は行為の停止）

第四十条　公民館が第二十三条の規定に違反する行為を行つたときは，市町村の設置する公民館にあつては当該市町村の教育委員会（特定公民館にあつては，当該市町村の長），法人の設置する公民館にあつては都道府県の教育委員会は，その事業又は行為の停止を命ずることができる。

2　前項の規定による法人の設置する公民館の事業又は行為の停止命令に関し必要な事項は，都道府県の条例で定めることができる。

（罰則）

第四十一条　前条第一項の規定による公民館の事業又は行為の停止命令に違反する行為をした者は，一年以下の懲役若しくは禁錮又は三万円以下の罰金に処する。

（公民館類似施設）

第四十二条　公民館に類似する施設は，何人もこれを設置することができる。

2　前項の施設の運営その他に関しては，第三十九条の規定を準用する。

　　　第六章　学校施設の利用

（適用範囲）

第四十三条　社会教育のためにする国立学校（学校教育法第一条に規定する学校（以下この条において「第一条学校」という。）及び就学前の子どもに関する教育，保育等の総合的な提供の推進に関する法律第二条第七項に規定する幼保連携型認定こども園（以下「幼保連携型認定こども園」という。）であつて国（国立大学法人法（平成十五年法律第百十二号）第二条第一項に規定する国立大学法人（次条第二項において「国立大学法人」という。）及び独立行政法人国立高等専門学校機構を含む。）が設置するものをいう。以下同じ。）又は公立学校（第一条学校及び幼保連携型認定こども園であつて地方公共団体（地方独立行政法人法（平成十五年法律第百十八号）第六十八条第一項に規定する公立大学法人（次条第二項及び第四十八条第一項において「公立大学法人」という。）を含む。）が設置するものをいう。以下同じ。）の施設の利用に関しては，この章の定めるところによる。

（学校施設の利用）

第四十四条　学校（国立学校又は公立学校をいう。以下この章において同じ。）の管理機関は，学校教育上支障がないと認める限り，その管理する学校の施設を社会教育のために利用に供するように努めなければならない。

2　前項において「学校の管理機関」とは，国立学校にあつては設置者である国立大学法人の学長又は独立行政法人国立高等専門学校機構の理事長，公立学校のうち，大学及び幼保連携型認定こども園にあつては設置者である地方公共団体の長又は公立大学法人の理事長，大学及び幼保連携型認定こども園以外の公立学校にあつては設置者である地方公共団体に設置されている教育委員会又は公立大学法人の理事長をいう。

（学校施設利用の許可）

第四十五条　社会教育のために学校の施設を利用しようとする者は，当該学校の管理機関の許可を受けなければならない。

2　前項の規定により，学校の管理機関が学校施設の利用を許可しようとするときは，あらかじめ，学校の長の意見を聞かなければならない。

第四十六条　国又は地方公共団体が社会教育のために，学校の施設を利用しようとするときは，前条の規定にかかわらず，当該学校の管理機関と協議するものとする。

第四十七条　第四十五条の規定による学校施設の利用が一時的である場合には，学校の管理機関は，同条第一項の許可に関する権限を学校の長に委任することができる。

2　前項の権限の委任その他学校施設の利用に関し必要な事項は，学校の管理機関が定める。

（社会教育の講座）

第四十八条　文部科学大臣は国立学校に対し，地方公共団体の長は当該地方公共団体が設置する大学若しくは幼保連携型認定こども園又は当該地方公共団体が設立する公立大学法人が設置する公立学校に対し，地方公共団体に設置されている教育委員会は当該地方公共団体が設置する大学及び幼保連携型認定こども園以外の公立学校に対し，その教育組織及び学校の施設の状況に応じ，文化講座，専門講座，夏期講座，社会学級講座等学校施設の利用による社会教育のための講座の開設を求めることができる。

2　文化講座は，成人の一般的教養に関し，専門講座は，成人の専門的学術知識に関し，夏期講座は，夏期休暇中，成人の一般的教養又は専門的学術知識に関し，それぞれ大学，高等専門学校又は高等学校において開設する。

3　社会学級講座は，成人の一般的教養に関し，小学校，中学校又は義務教育学校において開設する。

4　第一項の規定する講座を担当する講師の報酬その他必要な経費は，予算の範囲内において，国又は地方公共団体が負担する。

第七章　通信教育

（適用範囲）

第四十九条　学校教育法第五十四条，第七十条第一項，第八十二条及び第八十四条の規定により行うものを除き，通信による教育に関しては，この章の定めるところによる。

（通信教育の定義）

第五十条　この法律において「通信教育」とは，通信の方法により一定の教育計画の下に，教材，補助教材等を受講者に送付し，これに基き，設問解答，添削指導，質疑応答等を行う教育をいう。

2　通信教育を行う者は，その計画実現のために，必要な指導者を置かなければならない。

（通信教育の認定）

第五十一条　文部科学大臣は，学校又は一般社団法人若しくは一般財団法人の行う通信教育で社会教育上奨励すべきものについて，通信教育の認定（以下「認定」という。）を与えることができる。

2　認定を受けようとする者は，文部科学大臣の定めるところにより，文部科学大臣に申請しなければならない。

3　文部科学大臣が，第一項の規定により，認定を与えようとするときは，あらかじめ，第十三条の政令で定める審議会等に諮問しなければならない。

（認定手数料）

第五十二条　文部科学大臣は，認定を申請する者から実費の範囲内において文部科学省令で定める額の手数料を徴収することができる。ただし，国立学校又は公立学校が行う通信教育に関しては，この限りでない。

第五十三条　削除

（郵便料金の特別取扱）

第五十四条　認定を受けた通信教育に要する郵便料金については，郵便法（昭和二十二年法律第百六十五号）の定めるところにより，特別の取扱を受けるものとする。

（通信教育の廃止）

第五十五条　認定を受けた通信教育を廃止しようとするとき，又はその条件を変更しようとするときは，文部科学大臣の定めるところにより，その許可を受けなければならない。

2　前項の許可に関しては，第五十一条第三項の規定を準用する。

（報告及び措置）

第五十六条　文部科学大臣は，認定を受けた者に対し，必要な報告を求め，又は必要な措置を命ずることができる。

（認定の取消）

第五十七条　認定を受けた者がこの法律若しくはこの法律に基く命令又はこれらに基いてした処分に違反したときは，文部科学大臣は，認定を取り消すことができる。

2　前項の認定の取消に関しては，第五十一条第三項の規定を準用する。

附　則（省略）

索　引

　索引語は，アルファベット順，五十音順に排列した。人名は，姓を先にして排列した。答申・報告名は，審議会名や副題を省略してある。ページ番号は，主要な解説箇所を示している。

参考文献

　本ハンドブックの作成に当たり参考とした資料の一覧を以下に挙げます。一覧では，各節ごとに，編著者名の五十音順に掲載しています。

【第１章】
（Ⅱ　社会教育行政と市民協働，住民自治）
○鈴木眞理・伊藤真木子・本庄陽子編著『社会教育の連携論―社会教育の固有性と連携を考える―』学文社，2015年．

【第２章】
（Ⅱ　社会教育行政の経営戦略）
○倉内史郎編著『社会教育計画』学文社，1991年．
○国立教育政策研究所社会教育実践研究センター『社会教育計画策定ハンドブック　計画と評価の実際』2012年．
○国立教育政策研究所社会教育実践研究センター『社会教育計画ハンドブック』2010年．
○鈴木眞理・山本珠美・熊谷愼之輔編著『［新版］社会教育計画の基礎』学文社，2012年．
○北海道立社会教育総合センター研究報告書第１号「学習機会の提供に関する研究～学習プログラムの充実化を目指して～」1993年，p.5.
○山本恒夫「都道府県社会教育行政における計画の意義と定義」国立教育政策研究所社会教育実践研究センター『地方公共団体における社会教育計画等の策定及び評価に関する調査研究報告書』2008年，p.10.

【第３章】
（Ⅰ　地域課題の分析と把握）
○浅井経子・合田隆史・原義彦・山本恒夫編著『地域をコーディネートする社会教育―新社会教育計画―』理想社，2015年．
○佐藤守・稲生勁吾編『生涯学習促進の方法』第一法規，1989年．
○鈴木眞理・清國祐二編著『社会教育計画の基礎』学文社，2004年．
○常岡孝好『パブリック・コメントと参加権』弘文堂，2006年．
○松原治郎・鐘ヶ江晴彦『地域と教育』（教育学大全集９），第一法規，1981年．

（Ⅱ　学習課題把握のための調査法とその活用）
○Don A. Dillman, Jolene D.Smyth, Leah Melani Christian "Internet, Phone, Mail, and Mixed-Mode Surveys: The Tailored Design Method Fourth Edition", Wiley, 2014.

（Ⅲ　社会教育行政における地域広報戦略）
○井上岳久『広報・PRの実務』日本能率協会マネジメントセンター，2017年．
○草場定男『行政PR　その変遷と展望』公務職員研修協会，1980年，p. 9.
○公益社団法人日本パブリックリレーションズ協会編著『2019-2020年度版 広報・PR概説』同友館，2018年．
○総務省「震災関連デジタルアーカイブ構築・運用のためのガイドライン」2013年．
　（http://www.soumu.go.jp/menu_seisaku/ictseisaku/ictriyou/02ryutsu02_03000114.html）
○文化庁著作権課『著作権テキスト～初めて学ぶ人のために～2019年度』
　（http://www.bunka.go.jp/seisaku/chosakuken/seidokaisetsu/pdf/r1392388_01.pdf）

【第4章】
（Ⅰ　地域課題解決・まちづくりに取り組む人材の育成と活動支援）
○野沢慎司編・監訳『リーディングス　ネットワーク論―家族・コミュニティ・社会関係資本―』勁草書房，2006年．

（Ⅱ　コーディネーターの役割，必要な知識・技術）
○浅井経子「コーディネート技法」2006年登録，日本生涯教育学会『生涯学習研究e事典』（http://ejiten.javea.or.jp/）所収
○浅井経子「生涯学習支援者に求められる技術の開発」日本生涯教育学会年報第25号，2004年，所収
○浅井経子（企画編集代表）・伊藤康志・原義彦・山本恒夫企画編集著『生涯学習支援の道具箱』一般財団法人 社会通信教育協会，2019年．
○浅井経子・合田隆史・原義彦・山本恒夫編著『社会教育経営論―新たな系の創造を目指して―』理想社，2020年3月発行予定
○浅井経子・合田隆史・原義彦・山本恒夫編著『地域をコーディネートする社会教育―新社会教育計画―』理想社，2015年．
○一般財団法人 社会通信教育協会『生涯学習コーディネーター研修』社会通信教育テキスト，2009年．

○一般財団法人 社会通信教育協会『新 生涯学習コーディネーター 新支援技法 研修』社会通信教育テキスト，2014年.
○国立教育政策研究所社会教育実践研究センター『平成19年度 社会教育を推進するコーディネーターの役割及び資質向上に関する調査研究報告書』2008年.
○国立教育政策研究所社会教育実践研究センター『平成20年度 社会教育を推進するコーディネーターの役割及び資質向上に関する調査研究報告書』2009年.

【第5章】
（Ⅰ　学習評価と学習成果の評価・認証）
○浅井経子編著『生涯学習概論—生涯学習社会の展望—』理想社，2019年.
○浅井経子編著『生涯学習概論—生涯学習社会への道—増補改訂版』理想社，2013年.
○浅井経子（企画編集代表）・伊藤康志・原義彦・山本恒夫企画編集著『生涯学習支援の道具箱』一般財団法人 社会通信教育協会，2019年.
○浅井経子・合田隆史・原義彦・山本恒夫編著『社会教育経営論—新たな系の創造を目指して—』理想社，2020年3月発行予定
○国立教育政策研究所社会教育実践研究センター『二訂 生涯学習概論ハンドブック』2018年.
○国立教育政策研究所社会教育実践研究センター『社会教育計画ハンドブック』2009年.
○山本恒夫『21世紀 生涯学習への招待』協同出版，2001年.
○山本恒夫・浅井経子・渋谷英章編著『生涯学習論』文憲堂，2007年.
○山本恒夫・浅井経子『生涯学習〔答申〕ハンドブック—目標，計画づくり，実践への活用—』文憲堂，2004年.

（Ⅱ　学習成果の活用）
○浅井経子「高齢者の学習とその成果の活用—社会教育の課題—」『社会教育』第63巻11号，2008年.
○浅井経子「学習成果の活用にむすびつく学習プログラムの企画の視点」『社会教育』第65巻11号，2010年.
○井上講四「生涯教育（学習）政策・研究の今日的状況とその様相—その新たなる基軸と枠組みを求めて—」『琉球大学生涯学習教育研究センター紀要』第1号，2007年.
○大室悦賀・大阪NPOセンター編『ソーシャル・ビジネス—地域の課題をビジネスで解決する—』中央経済社，2011年.
○キャリア・パスポート（仮称）構想研究会『「キャリア・パスポート（仮称）構想研究会」報告書 ジョブ・カードの見直しに関するとりまとめ』2014年.
○「キャリア・パスポートの目的・活用法は？」『週刊教育資料』第1498号，2018年.

参考文献

○今野雅裕「知の循環型社会の構築と学習成果の活用・評価について」『日本生涯教育学会年報』第31号，2010年.

○日本政策金融公庫総合研究所編『日本のソーシャルビジネス』同友館，2015年，pp. 8-29.

○馬場祐次朗「学習と学習成果活用のためのプラットフォーム」『日本生涯教育学会年報』第28号，2007年.

○濱口桂一郎「日本型雇用システムにおける「教育と労働の密接な無関係」」日本社会教育学会編『労働の場のエンパワメント（日本の社会教育　第57集）』東洋館出版社，2013年.

○久井英輔「「生涯教育」論からいま何を学びとるべきか—「統合」「体系化」から，「連携への不断のまなざし」と「問題意識の発信・交流」へ—」『社会教育』第68巻3号，2013年.

○久井英輔「社会教育における評価の意味」鈴木眞理・稲葉隆・藤原文雄編『社会教育の公共性論—社会教育の制度設計と評価を考える—（講座　転形期の社会教育5）』学文社，2016年.

○廣瀬隆人「生涯学習政策としての学習成果の活用支援」『日本生涯教育学会年報』第18号，1997年.

○廣渡修一「「学習成果の活用」に関する覚書—社会教育法改正をめぐって—」『日本生涯教育学会年報』第29号，2008年.

○「学びを通じた若者の地域ビジネス支援」（文部科学省Webサイト　http://www.mext.go.jp/a_menu/ikusei/chousa/1398699.htm）

○山本和人・稲葉隆・強矢秀夫「生涯学習人材バンク事業の役割と課題—東京都内区市町村の調査により導かれた提案—」『日本生涯教育学会論集』第23号，2002年.

【第6章】

（Ⅰ　家庭，学校，地域の連携・協働の推進と地域の活性化）

○国立教育政策研究所社会教育実践研究センター『地域学校協働活動推進のための地域コーディネーターと地域連携担当教職員の育成研修ハンドブック』2017年.

○文部科学省ウェブサイト「学校と地域でつくる学びの未来」（https://manabi-mirai.mext.go.jp/）

○文部科学省『地域学校協働活動の推進に向けたガイドライン　参考の手引き』

○文部科学省『地域学校協働活動ハンドブック』2018年.

○山本恒夫・蛭田道春・浅井経子・山本和人編著『社会教育計画』文憲堂，2007年.

（Ⅱ　NPO，企業等との連携・協働の推進と地域の活性化）

○石井大一朗「地域住民自治の展開と中間支援組織」『宇都宮大学地域連携教育研究セン
　ター研究報告』第23号，2015年，pp. 31-48.
○今西幸蔵『協働型社会と地域生涯学習支援』法律文化社，2018年.
○国立教育政策研究所『多様なパートナーシップによるイノベーティブな生涯学習環境の基
　盤形成に関する調査研究』2016年.
○市民活動推進検討委員会編『市民活動推進検討委員会報告書』横浜市市民局，1996年.
○鈴木眞理・山本珠美・熊谷慎之輔編著『［新版］社会教育計画の基礎』学文社，2012年.
○広川喜裕『政府─NPO関係の理論と動向』関西大学出版部，2017年.

【第7章】
○鈴木眞理・井上伸良・大木真徳編著『社会教育の施設論：社会教育の空間的展開を考え
　る』学文社，2015年.

執筆者一覧

馬場	祐次朗	一般社団法人全国社会教育委員連合 常務理事	第１章	Ⅰ	社会教育行政と地域づくり
				Ⅱ－１	持続可能な地域づくりと社会教育
山本	珠美	青山学院大学教育人間科学部准教授	第１章	Ⅱ－２	連携・協働を推進する際に必要な視点
坂野	達郎	東京工業大学環境・社会理工学院教授	第２章	Ⅰ	行政の経営戦略
			第３章	Ⅱ－３	その他の調査
原	義彦	秋田大学大学院教育学研究科教授	第２章	Ⅱ－１	社会教育計画の策定と評価
				Ⅱ－２	社会教育計画の構造
				Ⅱ－３	社会教育事業における評価の内容と手順
			第５章	Ⅰ－１	学習評価の内容と手順
稲葉	隆	東京都立中央図書館管理部企画経営課 課長代理（企画経営総括担当）	第２章	Ⅱ－２	社会教育計画の構造
			第３章	Ⅲ－１	行政における広報の歴史
				Ⅲ－２	広報の意義・機能と実際
神部	純一	滋賀大学教育学部教授	第３章	Ⅰ	地域課題の分析と把握
土屋	隆裕	横浜市立大学データサイエンス学部教授	第３章	Ⅱ－１	社会教育調査の意義と方法
				Ⅱ－２	調査データの分析と活用
坂井	知志	国士舘大学スポーツアドミニストレーター	第３章	Ⅲ－３	社会教育行政・施設等の情報化
野島	正也	学校法人文教大学学園理事長	第４章	Ⅰ	地域課題解決・まちづくりに 取り組む人材の育成と活動支援
浅井	経子	八洲学園大学生涯学習部教授	第４章	Ⅱ	コーディネーターの役割, 必要な知識・技術
			第５章	Ⅰ－２	学習成果の評価の意義
久井	英輔	広島大学大学院教育学研究科准教授	第５章	Ⅱ	学習成果の活用
松永	由弥子	静岡産業大学情報学部教授	第６章	Ⅰ	家庭，学校，地域の連携・協働の 推進と地域の活性化
坂口	緑	明治学院大学社会学部教授	第６章	Ⅱ	NPO，企業等との連携・協働の 推進と地域の活性化
大木	真徳	日本学術振興会特別研究員 （青山学院大学コミュニティ人間科学部）	第７章		社会教育施設の経営戦略

　なお，このハンドブックの作成に当たって，国立教育政策研究所社会教育実践研究センターからは，主に次の者が編集を行った。

〈平成31（令和元）年度〉

センター長	上田	浩士
企画課長	松本	由布子
社会教育調査官	山田	智章
専門調査員	白井	淳子
社会教育特別調査員	忰田	伸一
研究補助者	赤山	みほ

〈平成30年度〉

センター長	妹尾	剛
社会教育調査官	二宮	伸司
研究補助者	仲村	拓真

社会教育経営論

令和2年4月20日　第1刷発行
令和5年12月20日　第2刷発行

執筆・編集代表　**浅井　経子**

著作権所有　**国立教育政策研究所社会教育実践研究センター**

発　　　行　**株式会社ぎょうせい**

〒136-8575　東京都江東区新木場1-18-11
電　話　編集　03-6892-6508
営業　03-6892-6666
フリーコール　0120-953-431
URL：https://gyosei.jp

〈検印省略〉

印刷　ぎょうせいデジタル株式会社　　　　©2020　Printed in Japan　禁無断転載・複製
※乱丁・落丁本はお取り替えいたします。
ISBN978-4-324-10805-5
(5108604-00-000)
[略号：社会経営論]